Die Stadt Hagen und ardenku bedanken sich für
die finanzielle Unterstützung:

Kommunalverband Ruhrgebiet

Verein für Orts- und Heimatkunde
Hohenlimburg e.V.

Sparkasse Hagen

WHG Westdeutsche
Handelsgesellschaft mbH

S.D. Moritz Casimir Fürst zu
Bentheim-Tecklenburg

Otto Blesel GmbH

Wescho Internationale Beteiligungs GmbH

BILSTEIN GmbH & Co.

Herrn Thomas Werner Funcke

Herrn Thomas Buchal

Wippermann jr. GmbH

Spedition Schenker Eurocargo AG

Verein Deutscher Ingenieure (VDI)

Hoesch Hohenlimburg GmbH

Prof. Dipl.-Ing. Peter Eiermann

D1727995

HAGENER
Architektur

Ina Hanemann
Petra Holtmann

Vorwort

Wer seine Erinnerungen befragt, wird feststellen, daß die Ereignisse sich dem Gedächtnis um so fester einschreiben, je auffälliger; ja, häufig kann man sich erst über die Architektur des Ereignisses in das Geschehene zurückversetzen.

Bazon Brock

Die Gebäude mit ihrer Architektur sind die zu Stein gewordene Geschichte einer Stadt. Nur durch Architektur entstehen einprägsame Orte in der Stadt, die als „Zeitgenossen" die Stadtgeschichte dokumentieren, Erinnerungen auslösen und die Phantasie anregen.

Hagen ist keine über Jahrhunderte gewachsene Stadt mit intaktem alten Stadtkern und malerischen Plätzen. Hagen erschließt sich nicht auf den ersten Blick, sondern wie bei einer intensiven Freundschaft entsteht Zuneigung durch genaues Betrachten, durch Auseinandersetzung und Verständnis.

Die permanenten Strukturveränderungen der Industrie der letzten 200 Jahre haben die Stadt geprägt. Die Parallelität von industrieller Entwicklung, Verkehrsentwicklung und der Herausbildung des Eisenbahn- und Autobahnnetzes in der Stadt haben in Verbindung mit der Landschaft zu räumlichen und architektonischen Brüchen geführt, die den besonderen Charakter dieser Stadt ausmachen.
Die noch vorhandenen rätselhaften, verschwiegenen und scheinbar unbrauchbaren Räume mit ihren Architekturen gilt es zu entdecken.

Qualitätvolle Industriearchitektur aus vergangener Zeit mit ihrer morbiden Schönheit in unmittelbarer Nachbarschaft zu den hervorragenden Beispielen des sozialen Wohnungsbaues und den wegweisenden Gebäuden des „Hagener Impuls" sowie die bemerkenswerte Architektur der Bauten der 50er Jahre, die repräsentativen Wohnungsbauten an den Höhen der Stadt, sind eine besondere Mischung, in denen sich die gesellschaftlichen Wertvorstellungen der jeweils handelnden Bauherren und Architekten widerspiegeln.

Es ist kein Zufall, daß in diesem Spannungsfeld der ungebrochenen Industrieentwicklung die Grenzen und Probleme dieser Entwicklung durch die Qualität der Landschaft mit ihrer Topographie sehr früh sichtbar wurden und sich hieraus, initiiert durch Karl Ernst Osthaus, der „Hagener Impuls" entwickelte.

Diese Widersprüche waren Motor für die sozialreformerischen Ideen zu Ende des letzten und zu Beginn dieses Jahrhunderts und Ausgangspunkt der Idealvorstellung der künstlerischen Durchdringung sämtlicher Lebensbereiche, um sie zu einem neuen Kulturideal zusammenzufassen.
Der Umsetzung dieser Ideale dienten die von Karl Ernst Osthaus initiierten und teilweise finanzierten Bauten und Bebauungskonzeptionen, die der Stadt einige der bedeutendsten Beispiele des „Neuen Bauens" zu verdanken hat. Durch die Förderung von jungen, damals unbekannten Architekten konnten die ersten Bauten des „Hagener Impuls" errichtet werden.

Die Bauten von Behrens, Lauweriks, van der Velde und die Bebauungsplankonzeption von Taut waren Grundlage für die Entwicklung der Bauhausidee.

Die Bauten des „Hagener Impuls" und die damals entwickelten Ideen zur Siedlungsentwicklung des Ruhrgebietes haben für die baukünstlerische und städtebauliche Entwicklung der Stadt Hagen und der Region zu Beginn dieses Jahrhunderts eine besondere Bedeutung.

Die 250-Jahr-Feier der Stadt Hagen ist ein guter Anlaß, auf den gesamten Querschnitt der Architektur dieser Stadt aufmerksam zu machen, da zu allen Zeiten hervorragende Beispiele der jeweils vorherrschenden Architekturauffassung in der Stadt zu finden sind. Aufgrund der Fülle der Objekte, die es wert gewesen wären sie zu veröffentlichen, war es nur möglich, einen Teil darzustellen.

Diese Auswahl sollte Anregung zum genauen Betrachten dieser Stadt mit ihrer bedeutenden Architekturgeschichte sein; sie sollte dem Hagener und dem Besucher ermöglichen, sich mit ihr auseinanderzusetzen, neue Orte zu entdecken und hierdurch eine neue Wahrnehmung zu entwickeln, die die Beziehung zu dieser Stadt festigt und zum erneuten Besuch einlädt.

Johann Dieckmann
Stadtbaurat

Inhalt

Einleitung

Architektur insgesamt ist und bleibt ein Produktionsversuch menschlicher Heimat - vom gesetzten Wohnzweck bis zur Erscheinung einer schönen Welt in Proportion und Ornament.

Ernst Bloch

Die Arbeit an einem Buch über Hagener Architektur hieß mehrere Jahre auf Entdeckungsreise gehen.
Schlösser, Burgen, Herrensitze, Ruinen und die wichtigsten Kirchenbauten bis in das 19. Jh. haben in der Heimatliteratur ihren festen Platz. Die Bauten des Hagener Impulses sind durch die Arbeit des Karl Ernst Osthaus Museums und die zahlreichen fachlichen Publikationen hinreichend aufgearbeitet; sie waren damit selbstverständlich in die Liste der Objekte dieses Buches aufgenommen. Unsere Aufgabe war es jedoch, die fast 1000-jährige Baugeschichte des Hagener Raumes im Überblick und anhand der erhaltenen Bauten darzustellen und damit die Lücken zu schließen.
Der Tod des Kunstmäzens Karl Ernst Osthaus 1922 schien auch das Ende einer innovativen und qualitätvollen Architektur in Hagen zu sein. Diese Publikation beweist das Gegenteil. Vor allem seit den 20er Jahren sind zahlreiche Bauwerke entstanden, die es wert sind, dokumentiert zu werden.

Im Spannungsfeld zwischen Ruhrgebiet und Sauerland gelegen, wurde die bauliche Entwicklung Hagens von jeher durch die ungewöhnliche Topographie bestimmt. Eingezwängt in die engen Täler der Ennepe und Volme, nahm die Stadtentwicklung um 800 n. Chr. ihren Ausgang am Unterberg in der Gegend der heutigen Johanniskirche an der Springe. Der älteste, erhaltene Stadtplan, der 1724 aufgrund zweier schwerer Brände entstand, zeigt diesen Bereich. Er war auch die Grundlage der ersten Bauordnung, in der in 25 Punkten neben Brandschutzmaßnahmen auch verkehrstechnische Verbesserungen festgesetzt waren.

Zwischen der Volme und einem künstlich abgezweigten Mühlengraben siedelte sich bereits 1740 das Tuchmachergewerbe an, bis heute ein bedeutender Wirtschaftsfaktor. Mit der Aufschüttung des Mühlengrabens 1910 verlor die Springe ihren Inselcharakter. Die heutige Frankfurter Straße verläuft über den ehem. Graben.
Die frühere Stadthalle (1944 im Krieg beschädigt und 1955 abgerissen) wurde zwischen 1912 und 1923 auf der Springe errichtet.

Für den wirtschaftlichen Aufschwung des 1746 zur Stadt erhobenen Fleckens Hagen waren besonders Eilpe und Delstern bedeutsam. Mit der Ansiedlung bergischer Klingenschmieden 1661 durch den preußischen Landesherren und die Gründung der ersten Papiermühle 1693 durch Matthias Vorster begann der Wandel von der Agrar- zur Industriegesellschaft.

Die Wasserkraft der Flüsse Ennepe, Volme, Ruhr und Lenne nutzend, entstanden im Raum Hagen zahlreiche Stahl- und Eisenhämmer, die die wirtschaftliche Entwicklung bis in die 60er Jahre unseres Jahrhunderts bestimmten. Die einsetzende Stahlkrise hatte auch Hagen erfaßt, das auf dem Weg in das 21. Jh. im Kampf um die internationale Konkurrenzfähigkeit einen erneuten Wandel erfuhr, von der Schwerindustrie zum modernen Dienstleistungs- und Produktionsgewerbe bis hin zur Weiterbildung durch die Errichtung der einzigen Fernuniversität in Deutschland.
Der Stadtteil Haspe war von der Stahlkrise besonders betroffen. 1929 eingemeindet, war er für Hagen mit der 1841 gegründeten Hasper Hütte, die 8.000 Menschen Arbeit gab, von großer Bedeutung. Die sukzessive Schließung seit Ende der 1960er Jahre stellte den Stadtteil Haspe vor große Umstrukturierungen. Er wurde zum größten Sanierungsgebiet NRWs, wobei nach dem städtebaulichen Verständnis der 1970er und 80er Jahre die Produktions- und Verwaltungsgebäude abgebrochen wurden. Die historisch gewachsenen Stadtstrukturen wurden durch die Schließung und den Abbruch der Hütte nachhaltig verändert. Die in der Nähe des Zentrums freiwerdenden Flächen wurden durch Wohn- und Geschäftshäuser überbaut, lediglich die Namen von Plätzen und Straßen erinnern noch an die Hasper Hütte.

Ein ähnlicher Strukturwandel vollzieht sich im Augenblick im 1975 eingemeindeten Stadtteil Hohenlimburg. Mit der Abwanderung der eisen- und stahlverarbeitenden Industrie aus dem Nahmertal, der ursprünglichen Wiege dieses Industriezweiges, entstehen hier seit Anfang der 90er Jahre großflächige Industriebrachen, die einer neuen Nutzung harren. Die Landschaft ist verbraucht und mit Altlasten beladen; es gilt, dieser Probleme durch eine ausgewogene Planung Herr zu werden und dabei auch wichtige Industriedenkmäler als Stätten der Erinnerung zu erhalten.

Mit der Eingemeindung der Stadt Hohenlimburg und den Gemeinden Berchum und Garenfeld beendete die Stadt Hagen einen Prozeß, der 1876 mit der Eingemeindung von Wehringhausen und Eilpe begann. 1901 folgten die Gemeinden Eckesey, Eppenhausen und Delstern, 1929 Haspe und die Landgemeinden Boele, Fley, Halden, Herbeck, Holthausen und Vorhalle. Somit beläuft sich heute die Gesamtfläche des Stadtgebietes auf 160,3 qkm bei einer Einwohnerzahl von etwa 215.000.

Der Initiative des Kunstmäzens Karl Ernst Osthaus hat es die Stadt Hagen zu verdanken, daß hier Bauten und Projekte entstanden, die über Hagens Grenzen hinaus richtungsweisend waren. Die von Osthaus beauftragten Architekten und Künstler wie Henry van der Velde, Peter Behrens, Bruno Taut oder Walter Gropius inspirierten durch ihre Werke nachfolgende Architektengenerationen in vielfältiger Weise.

In Hagen läßt sich dieser Einfluß an den Entwürfen des Stadtbaurates Ewald Figge und an den Werken der Architekten Gebrüder Ludwigs ablesen.

Die 1911 vom Stadtbaurat in Zusammenarbeit mit Osthaus geplante „Gartenvorstadt Emst" sollte in Anlehnung an die aus England kommende Gartenstadtbewegung entstehen. Die Lage des für die Bebauung vorgesehenen Areals, das sich auf den Höhen Hagens befand, war ungewöhnlich. Verschiedene, auch sozialpolitische Gründe ließen das Bauvorhaben jedoch scheitern.

Trotzdem war das Wohnungsproblem auch in Hagen eines der wichtigsten Themen zu Beginn des 20. Jahrhunderts. Die Versuche der Unternehmer Elbers und Funcke, diesen Problemen durch den Bau werkseigener Wohnungen entgegenzuwirken, hatte vorwiegend unternehmerische Gründe. Zum einen war durch den hohen Qualitätsstandard, der eine bessere Hygiene ermöglichte, die physische Arbeitskraft gesichert. Zum anderen wurde der Arbeiter durch die Verknüpfung von Wohnung und Arbeit an das Werk gebunden. Der Verlust der Arbeit bedeutete gleichzeitig den Verlust der Wohnung.

Erst mit der Weimarer Republik und dem staatlich subventionierten Wohnungsbau konnte die bis in die 20er Jahre auch in Hagen herrschende Wohnungsnot gelindert werden. Die zahlreichen Baugenossenschaften, die sich zum größten Teil bereits im vergangenen Jahrhundert gegründet hatten, vollbrachten in den 20er Jahren ihre größten Leistungen. Wohnsiedlungen wie der Steinbrinkhof in Hagen-Haspe, die Siedlung am Rastebaum und allen voran die Cuno-Siedlung auf dem Kuhlerkamp dokumentieren sowohl das hohe soziale Engagement als auch die Einführung neuer technischer Errungenschaften in die Formensprache der Architektur. Da die Bodenpreise im innerstädtischen Bereich für die meisten Siedlungsbauten nicht zu bezahlen waren, wurden Grundstücke an der Peripherie ohne ausreichende Infrastruktur erworben. Heute diese Außenbereiche mit der gewachsenen Kernstadt verschmolzen.

Für Hagen haben die 20er Jahre neben den Problemen der Wohnungsnot und den damit verbunden städtebaulichen Erneuerungen auch stadtgeschichtliche Bedeutung. 1928 wurde Hagen mit 100.000 Einwohnern Großstadt, und 1929 wurde die Stadt Haspe nach vielen Widerständen eingemeindet. Mit dieser Erweiterung erhielt Hagen nicht nur eine wirtschaftlich soliden Stadtteil, sondern auch eine Architekturform, die von der Person des Stadtarchitekten Günther Oberste-Berghaus geprägt war. Die im Stil des Bauhauses errichteten Gebäude wie das Hasper Stadtbad oder das Christian-Rohlfs-Gymnasium sind von hoher städtebaulicher und architektonischer Qualität.

Zwischen 1933 und 1945 bestimmten die nationalsozialistische Herrschaft und der 2. Weltkrieg nicht nur das gesellschaftliche und politische Geschehen, sondern auch die architektonischen Entwicklungen. Der von Hitler für private Bauten bevorzugte Heimatschutzstil war auch in Hagen tonangebend. Es entstanden jedoch im Vergleich zur Weimarer Republik in dieser Zeit in Hagen keine Bauten von architektonischer Qualität. Viele Planungen wie die „Gartenstadt Werdringen" wurden gar nicht erst realisiert. Rund um die Wasserburg sollten 496 Eigenheime entstehen und die Gebäude des Schlosses für ein Schulungsheim des NS-Kaders umgenutzt werden.

Die zahlreichen Bombenangriffe im 2. Weltkrieg fügten Hagen vor allem im Innenstadtbereich große Schäden zu. Das historische Stadtbild ging bei den anschließenden Wiederaufbauplänen verloren. Der zunehmende Autoverkehr war bei den Entwürfen der damaligen Planer die wichtigste Grundlage. Der Zeitdruck, unter dem die Wiederaufbauphase stand, ließ wenig Raum für alternative Planungen. So wurden die Überlegungen, eine neue Einkaufsstraße längs der Volme einzurichten, aus heutiger Sicht leider viel zu schnell wieder verworfen. Den Wettbewerb, der für die Neugestaltung des Volksparkes und der Volmeanlagen ausgeschrieben wurde, gewannen die Düsseldorfer Gartenarchitekten Gudrun und Hermann Birkigt. Es wurden großzügige Grünverbindungen vom Hauptbahnhof bis in das Stadtinnere geplant. In Teilen sind die damaligen Planungen noch heute vorhanden. Der Bereich der Volme wurde Ende der 70er Jahre durch weitere Wohnungsbauten attraktiviert.

Entlang der Elberfelder- und Mittelstraße entstanden zahlreiche Neubauten, deren Fassaden die Fußgängerzone immer noch prägen. Verwaltungsbauten, wie die der Elektromark oder die, in den 80er Jahren leider veränderte Südwestfälische Industrie- und Handelskammer, sind moderne Bauten der 50er Jahre von überregionaler Bedeutung.

Der Hagener Bahnhof verlor mit dem wachsenden Individualverkehr immer mehr an Stellenwert. Erst unter dem Druck der schwindenden Ressourcen erinnert man sich wieder an die Vorteile des seit 1848 großräumig ausgebauten Liniennetzes der Bahn. Die derzeitigen Umbaumaßnahmen des Platzes vor dem 1910 als dritten Bahnhofneubau errichteten Komplexes sehen auch eine Anbindung dieses Bereiches an die Innenstadt vor.

Der Bereich um die Springe hatte mit dem Abriß der Stadthalle 1955 und die Verlagerung des Stadtzentrums in Richtung Hauptbahnhof an Qualität verloren und wurde durch Umlegungsmaßnahmen neu gegliedert. Die ausgeschriebenen Wettbewerbe für Wohnungsbauprojekte wurden größtenteils realisiert. Der Bedeutung dieses Bereiches wird man sich heute wieder bewußt. Die derzeitigen Planungen sehen eine Wiederbelebung durch den Bau eines Medienzentrums, das u.a. ein Großkino und die Stadtbücherei beinhalten wird, verbunden mit der Schaffung neuer Platzgestaltungen rund um die Johanniskirche, vor.

Vor allem der Rathausbereich sollte als zentraler Stadtmittelpunkt fungieren. Obwohl man ihn seit den 80er Jahren vom Autoverkehr freihält, wurde er als solcher nie von der

Bevölkerung angenommen. Die derzeitigen Planungen für die Rathauspassage sollen dazu beitragen, diese Mängel zu beseitigen.

Bei den städtebaulichen Planungen der 50er Jahre hatte man die Dynamik des wachsenden Autoverkehrs unterschätzt; so wurde vor allem die Innenstadt Ende der 60er/Anfang der 70er Jahre durch die Verbreiterung der Straßen oder den Bau der Stadtautobahn und die Errichtung citynaher Parkhäuser überplant. Die großzügigen Grünanlagen wie der Volkspark oder der Funckepark sind infolgedessen heute nur noch fragmentarisch erhalten.

Die anhaltende Verkehrsmisere führte jedoch schließlich auch in Hagen dazu, daß in den Randgebieten große Einkaufszentren mit ausreichendem Parkplatzangebot entstanden. Mit der Einrichtung von Fußgängerzonen, der Umgestaltung von Kaufhäusern sowie der Errichtung von Erlebnisgastronomien wie der Markthalle oder dem Kegelzentrum begann man, die City wiederzubeleben.

Die Errichtung der üppigen Brunnenplastik auf dem Adolf-Nassau-Platz zu Beginn der 80er Jahre zählte zu den stadtbildpflegenden Maßnahmen, mit der die Funktion der City als Aufenthaltsort wieder hergestellt werden sollte.

Trotz des hohen Standards der in den 70er und 80er Jahren errichteten Wohnsiedlungen konnten die Bewohner sich mit dieser Art der Stadtgestaltung nicht identifizieren. Bei der Errichtung der zahlreichen Großsiedlungen in Hagen, wie z.B. die Siedlung im Bereich „Felsental" und „Am Waldesrand", stand nicht mehr die ästhetische Qualität, sondern der Leitgedanke der verdichteten Stadt im Vordergrund. Der einsetzende Bauboom von Eigenheimen in den Randgebieten der Stadt wird größtenteils von einfallsloser Architektur geprägt.

Die zunehmende Rationalisierung auf dem Arbeitsmarkt auch zugunsten der computergesteuerten Fertigung führte zu einer generellen Umstrukturierung auf dem Sektor der Industriearchitektur. Es entstanden neue Gewerbe- und Industriegebiete wie das „Untere Lennetal".

Seit dem Ende der 80er Jahre werden unter dem Stichwort „behutsame Stadterneuerung" die Entscheidungen der vergangenen Jahrzehnte neu diskutiert.

Dem rücksichtslosen Umgang mit der Altbausubstanz der Stadt steuert man durch sensible Rückführung und Sanierung entgegen. Unter dem Begriff „Wohnumfeldverbesserung" werden die Siedlungen der 70er und 80er Jahre qualitativ aufgewertet und durch Neubauten ergänzt.

Hagen macht seit einigen Jahren durch zahlreiche Neubauplanungen und damit verbundenen, überregionalen Wettbewerben wieder auf sich aufmerksam.

Die vielfältigen Projekte lassen die Suche nach einem richtungsweisenden Städtebau auch in Anknüpfung an die Ideen des „Hagener Impulses" erkennen.

Das 250-jährige Stadtjubiläum bietet hinreichend Gelegenheit zur Auseinandersetzung mit der Architektur der Stadt und zum Nachdenken über die zukünftige Richtung.

Als Kunsthistorikerinnen freuen wir uns über die Möglichkeit, mit diesem Führer durch die in jedem Fall vielfältige und interessante Architekturlandschaft Hagens einen Beitrag zur Identifizierung mit der Stadt zu leisten und sowohl den Hagener als auch den Fremden auf diese Stadt neugierig zu machen.

Die Verfasserinnen

I. Vom Dorf zur Stadt

Das Mittelalter war von Kriegen, Fehden und Kreuzzügen geprägt. Entsprechend sind neben den zahlreichen Kirchen- und Klosterbauten, die Wall- und Trutzburgen, in deren Schatten sich die ersten Dorfsiedlungen bildeten, bauliche Zeugen dieser Epoche. Die Zeit zwischen 1000 n. Chr. und der ersten Hälfte des 13. Jahrhunderts wird in der Kunst- und Kulturgeschichte seit dem 19. Jh. unter dem Begriff Romanik zusammengefaßt. Man erkannte in den steinernen Bauwerken Stil- und Konstruktionsmerkmale des antiken Roms.

Romanische Bauten zeichnen sich durch klare, geometrische Baukubaturen und durch starke Mauerflächen aus, die von kleinen Fensterschlitzen durchbrochen sind. Bevorzugter Bautyp sowohl im Kirchen- als auch im Profanbau war der Turm, weil er in dem kriegerischen Zeitalter das geeignetste Bauwerk zur Verteidigung darstellte.

Ein anschauliches Beispiel einer mittelalterlichen Burg mit Siedlung ist die Ruine der Raffenburg (Objekt Nr.: 2) mit den unterhalb liegenden, erhaltenen Fundamenten einer stadtähnlichen Siedlung, die aus Fachwerkbauten bestand. Diese hölzernen Bauernhäuser sind meist durch Brandschatzung zerstört worden. Sie sind jedoch die Vorläufer der Bauernhäuser und -höfe, die bis heute trotz der umfangreichen Neubebauung in der Gründerzeit (um 1900) und den flächendeckenden Bombardierungen im 2. Weltkrieg an einigen Stellen im Hagener Stadtgebiet erhalten geblieben sind. In Wehringhausen zeugt beispielsweise der Grummerthof (Objekt Nr.: 29) inmitten einer Blockbebauung von der ursprüngl. Dorfgemeinde. Im Fachwerkbau entstanden regional unterschiedliche Bau- und Schmuckformen. Das bergische Fachwerkhaus ist leicht an der Farbgebung in weiß, schwarz und grün zu erkennen (Objekt Nr.: 19), während ein westfälischer Fachwerkbau (Objekt Nr.: 10), wenn sein Erbauer reich war, u.a. die gekreuzten Riegel, die Andreaskreuze, aufweist.

In Europa setzte sich im frühen Mittelalter die Feudalherrschaft durch, die auf landwirtschaftlicher Produktion fußte. Der König verteilte seinen Grund und Boden an die Lehnsherren, die ihn wiederum zur Bewirtschaftung an die Bauern weitergaben. Diese mußten Abgaben für den Boden an die Lehnsherren entrichten, welche sich im Gegenzug dem König als Ritter für den Kriegsdienst zur Verfügung stellten. Zwischen den einzelnen Klassen herrschten also komplizierte Abhängigkeitsverhältnisse.

Im Laufe des 11. und 12. Jahrhunderts nahmen die Argrarerzeugnisse durch immer bessere Erwirtschaftungsmethoden zu, so daß eine neue Bevölkerungsschicht entstehen konnte: die Handwerker und Kaufleute. Mit ihnen entwickelten sich neue Bauformen in den selbständig werdenden Gemeinden. Bürgerhäuser des Mittelalters, wie sie z.B. in Frankfurt und Münster erhalten sind, waren Rat-, Zunft- und Gildenhäuser,

Kaufläden und Speicher. Vor allem aber wurden Stadtmauern und Türme zum Schutz der Einwohner errichtet.

Um sich von der „barbarischen" Architektur des frühen Mittelalters zu unterscheiden, bevorzugte man einen neuen Stil, der im 14. Jh. den Namen Gotik erhielt, und der sich vor allem durch die Verwendung des Spitzbogens auszeichnete. In Hagen sind aus dieser Zeit keine Gebäude erhalten. Lediglich die Fundamente von Kirchen, die weiterhin die bevorzugte Architektur der tiefgläubigen Bevölkerung waren, zeugen von dieser Zeit.

Um 1520 setzte sich allmählich die Renaissance zunächst in Italien, dann auch in West- und Mitteleuropa durch. Der Begriff Renaissance, zu Deutsch „Wiedergeburt", umschreibt den Versuch Italiens, einen neuen Baustil zu kreieren, der seine Wurzeln in der antiken-römischen Baukunst hat.

Kirchliche Reformen In weiten Teilen Europas hatten zusehends die Macht der Kirchen geschwächt und die Entstehung von Nationalstaaten gefördert. Deutschland war durch den 30 Jahre andauernden Krieg verarmt, verwüstet und in 300 Einzelterritorien zerstückelt.

Neben Bürger- und Gesellschaftsbauten errichteten viele Landesfürsten prachtvolle Schlösser meist an den Standorten ehemaliger Burgen. So ist auch das Hohenlimburger Schloß die Erweiterung und der Umbau einer mittelalterlichen Burganlage. In vielen Details lassen sich noch die verschiedenen architekturgeschichtlichen Epochen ablesen. Die Tür des neuen Palas aus dem Jahre 1549 ist ein Beispiel für den Übergang von der Spätgotik zur Renaissance.

Von 1650 bis etwa 1770 folgte die Phase des Barocks. Die Bezeichnung entstammt den romanischen Sprachen und bedeutet so viel wie „schief-rund"oder „dem guten Geschmack nicht entsprechend". Alles Bescheidene ist ihm fremd. Barocke Bauten sind in schwellender Formgebung und mit üppigem Schmuck gestaltet. Der bedeutendste Bau des franz. Barock ist das Schloß des absolutistischen Herrschers Ludwig XIV., dessen Gestaltung in seiner Gesamtanlage mit beeindruckender Parkschöpfung Vorbild für fast alle fürstlichen Residenzen des 18. Jahrhunderts in Europa war. Am Hohenlimburger Schloß sind aus dieser Zeit die Reste einer Parkanlage erhalten. Auch im Kirchenbau setzte sich der repräsentative Stil des Barocks durch. In Hagen brachte er sehr gemäßigte Formen hervor, wie die evang. Kirche in Berchum oder die Johanniskirche an der Springe. Ein eindrucksvolles Ergebnis der regionalen, bergisch-barocken Baukultur ist das Wohnhaus der Fam. Harkorten in Hagen-Haspe (Objekt Nr.: 18).

Der Barock fand sein Ende in der Stilüberhöhung des Rokoko, die sich hauptsächlich in der Dekoration von Gebäuden mit zierlichem Ranken- und Muschelwerk und üppigen Innenraumgestaltungen ausdrückte.

Objekt Nr.: 1
Wasserburg Werdringen
HA-Vorhalle, Brockhauser Straße

Baujahr: erste Gebäude vermutlich
zwischen 1134 und 1324

Im Laufe der Jahrhunderte immer wieder verändert, präsentiert
sich die heutige Anlage mit Herrenhaus und Wirtschaftsgebäude aus Bruchstein im romantisierenden Stil des 19.
Jahrhunderts. Von einem Graben umgeben, wird die Burg über
eine dreibogig gemauerte Brücke erschlossen.
1429 kam sie in den Besitz der Familie von der Recke. Der
letzte, große Umbau erfolgte 1856 durch Friedrich-Wilhelm
von der Recke.
Seit 1977 im Besitz der Stadt Hagen, ist die Burganlage Anfang
1990 auf Initiative des 1986 gegründeten Vereins zur Erhal-
tung des Wasserschlosses Werdringen e.V. umfangreich
restauriert worden und wird heute für kulturelle Veranstaltun-
gen genutzt.
In der Nähe befindet sich das Erbbegräbnis der Familie von der
Recke-Volmarstein.
Die umliegenden Bauerngehöfte gehörten vormals zur
Wasserburg.

Objekt Nr.: 2
Raffenburg
HA-Hohenlimburg/Holthausen, Raffenberg

Baujahr: 12. Jh.

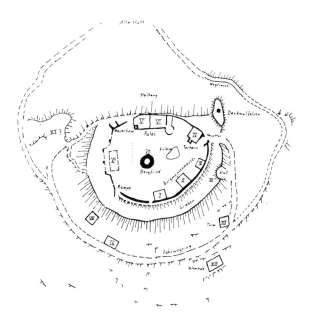

Auf einem Bergkegel oberhalb des Lennetals befinden sich die
Reste der ehem. Raffenburg. Durch die Kölner Erzbischöfe
errichtet, wurde sie im Limburgischen Erbfolgekrieg zwischen
1280 und 1288 zerstört. Die auf dem gezeigten Plan angeleg-
ten Gebäude sowie die zugehörigen Wohnhäuser unterhalb
der Burg sind heute kaum noch ablesbar. Letztere sind lediglich
durch Fundstücke und Fundamente belegt.
Die Burg entsprach dem nord- und niederdeutschen Grundriß-
typ mit Bruchsteinmauerring, Bergfried, Torhaus, Zisterne,
Palasgebäuden und Burgmannenhäusern. Bis auf den hohen
Bergfried waren wahrscheinlich alle Gebäude einstöckig mit
Fachwerkaufbauten.
Zusätzlichen Schutz lieferte der bis zu 12 Meter breite und 2-3
Meter tiefe Graben rund um die Anlage.
Die letzten Untersuchungen ergaben, daß die Raffenburg
gemeinsam mit den Doppelwällen am Piepenbrink, dem
Bereich der „Alten Stadt" im Ortsteil Holthausen sowie der
„Rücklenburg" im Norden eine stadtähnliche Anlage darstellte.

Objekt Nr.: 3
Schloß Hohenlimburg
HA-Hohenlimburg, Neuer Schloßweg/Alter Schloßweg

Baujahr: Gründung 1230

Das heutige Schloß stellt keinen einheitlichen Bau dar, sondern zeichnet sich durch seine ablesbare Baugeschichte von der Gründung 1230 bis nach dem 2. Weltkrieg aus.
Graf Dietrich von Isenberg gründete die Burg, die unter den Nachfolgern der Grafen von Limburg bis 1454 ausgebaut wurde. Die Anlage umfaßte den Burghof mit Wehrmauern, Bergfried, Palas, Mauertürmen, Burgmannenhäuser sowie Vorburg und Zwinger. Unter den Grafen von Neuenahr (1459-1589) wurden der Palas und das Torhaus erneuert. Eine Backstube kam hinzu.
Seit 1592 sind die Grafen und Fürsten von Bentheim-Tecklenburg die Besitzer. Sie erweiterten die Burg (1710-1768) zu einer Schloßanlage mit barockem Garten, Wirtschafts- und Kanzleigebäuden, Kastellanhaus und Wagenremise.
Seit 1947 befindet sich im neueren Palas das Heimatmuseum und seit 1987/88 im alten Palas das Kaltwalzmuseum.
Der alte Palas wurde innen wie außen (1987/88) restauriert. Die Dacheindeckung am neuen Palas wurde 1991/92 erneuert. In der ehem. Remise befindet sich heute das Schloßrestaurant.
Eine prachtvolle Villenbebauung aus der Jahrhundertwende prägt die Auffahrten „Alter und Neuer Schloßweg" zum Schloß. Herauszuheben sind die spätklassizistische, reich gestaltete Villa am Neuen Schloßweg 26 und die Unternehmervilla Gustav Theis, die der Architekt de Berger 1921/22 errichtete.

Objekt Nr.: 4
Ruine Haus Berchum
HA-Berchum, Auf dem Burhof

Baujahr: erste Nennung 1243

Dietrich von Berchum, Dienstmann des Herrn der Grafschaft Limburg, war das erste Oberhaupt von vier Adelsfamilien, die das Haus Berchum bewohnt haben. Er wird urkundlich erstmals 1243 genannt.
Die Bedeutung des hoch über dem Lennetal gelegenen Adelssitzes erlosch seit Anfang des 18. Jahrhunderts zusehends, zuletzt diente er als Steinbruch. Von der ehem. schlichten Ritterburg mit Wall und Graben sind heute nur noch Reste des Turmhauses erhalten, in dem noch die Portalöffnungen und Schlitzfenster erkennbar sind.

Objekt Nr.: 5
Evang. Pfarrkirche Elsey
HA-Elsey, Elseyer Kirchplatz

Baujahr: 1. Hälfte 13. Jh.,
　　　　später erweitert

Die Kirche war zugleich die Pfarrei der Umgebung und
Grablegung der Hohenlimburger Grafen.
Die kleine, spätromanische Hallenkirche mit Querschiff ist ein
typisches Beispiel sauerländischer Sakralarchitektur des
13. Jahrhunderts. Der Westturm wurde 1751 bekrönt. Durch
den neuen, erweiterten Chor wurde die Kirche 1881/82 leicht
verändert (Architekt: Gustav Adolf Fischer, Barmen). Die
neugotischen Chorfenster wurden 1884/85 zum Teil von
Kaiser Wilhelm I. gestiftet. Themen sind: Christus als Welten-
richter, Moses und Gottesvater, Apostel Paulus und Petrus.
1987/88 wurden Turmhelm, Dach und Außenfassade restauriert.
Die Kirche ist innen wie außen reich an historisch bedeutenden
Totenschilden. Besonders wertvoll das Epitaph für Graf Conrad
Gumprecht von Bentheim-Tecklenburg (gest. 1618), das
nach einem Entwurf seines Bruders durch Johann von Bocholt
1619/20 vollendet wurde.

In unmittelbarer Nähe zur Kirche stehen einige Fachwerkhäuser des alten Dorfes Elsey (z.B. Im Stift 21) und ehem.
Kurienhäuser des Elseyer Damenstiftes (Im Stift 25, 27, 31 und
33).
Um 1222 als Prämonstratenserinnen Kloster gegründet, wurde
es im 15. Jh. in ein „freiweltliches adeliges Damenstift"
umgewandelt, bis es 1811 aufgelöst wurde. Besonders
hervorzuheben ist das 2-geschossige ehem. Stiftskurienhaus,
Im Stift 35 (s. Abb.), das von der Straße durch eine Bruchsteinmauer mit klassizistischen, von Vasen bekrönten Pfeilern
erschlossen wird. Das 5-achsige Gebäude mit Mansarddach
wurde 1789 im Stil des Spätrokoko errichtet.

Objekt Nr.: 6
Ehem. St. Matthäus, Evang. Pfarrkirche
HA-Dahl, Dahler Straße/Eiskeller

Baujahr: 13. Jh./1730

Der Vorgängerbau, Eigenkirche des Dahler Adelsgeschlechtes, brannte 1729 ab. Auf den Resten des Chores, der Sakristei und des südlichen Querarms wurde der schlichte, 1-schiffige Bruchsteinbau mit eingebautem Westturm wieder aufgebaut. Bei Renovierungsarbeiten 1963/64 wurden mittelalterliche Wandmalereien freigelegt: an der Ostwand die Katharinenlegende, an der Südwand das Martyrium der Zehntausend, die hl. Barbara und Margaretha und die Schutzmantelmadonna.
Außerhalb der Kirche und auf dem ehem. Friedhof, heute ein Park, befinden sich einige Grabsteine und Grabplatten. Das Mahnmal, die gespaltene Erdkugel von Ewald Mataré (1959), steht als Symbol für die seit dem 2. Weltkrieg gespaltene Welt.
Seitlicher Anbau 1996 (Architekt: Harder, Hagen).

In der Nähe der Kirche befindet sich die älteste, bruchsteinerne Brücke Hagens über die Volme vermutlich aus dem 15. Jh.

Objekt Nr.: 7
Speicherbackhaus auf Hof Schnepper, „Spieker Rüggebein"
HA-Rüggebein

Baujahr: 17. Jh.

Aufgrund der Abgeschiedenheit des ehem. Freigutes wurde das Backhaus durch Aufstockung zu dem sog. Speicherbackhaus erweitert und stellt so baugeschichtlich die Endform des ursprüngl. Feldofens dar.
Im Giebel des 2-geschossigen Bruchsteinhauses unter steilem Satteldach mit rundbogiger Tür im Erdgeschoß dienen Scharten als Belüftungsschlitze. Eine Stiege führt zur Eingangstür im ersten Speichergeschoß.

In Hagen befinden sich noch weitere Bauten desselben Types: z. B. in HA-Helbecke, HA-Hückinghausen, HA-Holthausen (ehem. Hof Schmalenbach), HA-Haßley (ehem. Hof Kuckelke) und auf Hof Schemann (Objekt Nr.: 12). Sie sind jedoch zum Teil sehr verändert.

Objekt Nr.: 8
Fachwerkhäuser, „Lange Riege"
HA-Eilpe, Riegestr. 6-18

Baujahr: 1661-1665

Zur Förderung der Industrie in der Mark siedelte der Große
Kurfürst Friedrich Wilhelm von Brandenburg 1661 die aus
Solingen stammenden Klingenschmiede in Eilpe an. Er schenkte
ihnen in der Nähe ihrer Schmiede einen Bauplatz, auf dem
die 7 Wohnhäuser entstanden.
Die geschlossene Fachwerkhausreihe mit vorkragenden
Obergeschossen und durchlaufendem Satteldach erfuhr im
Laufe ihres mehr als 300jährigen Bestehens zahlreiche
Veränderungen. Hinter den Häusern sind noch einige Ställe mit
Abtritthäuschen erhalten.
Die „Eilper Klingenschmiede" erlangte durch ihre Qualitätser-
zeugnisse bis Mitte des 19. Jahrhunderts europäischen Ruf.
1899 wurde die letzte Klingenschmiede in Eilpe aus dem
Handwerksregister genommen.

Objekt Nr.: 9
Haus Busch, heute Journalistenzentrum
HA-Fley, Feldmühlenstr. 1

Baujahr: 17./18. Jh.

Barocke Anlage mit Haupthaus und Wirtschaftsgebäuden.
Bauherr war Diederich von Syburg zum Busche. 1827 ging der
Adelssitz in den Besitz derer von Vincke über; seit 1928 ist die
Stadt Hagen Eigentümerin.
Am Herrenhaus über dem Portal befindet sich der Wappen-
stein der Familie von Syburg. Das Gebäude wurde innen wie
außen mehrfach verändert.
Die Wirtschaftsgebäude flankieren auf beiden Seiten den Hof.
Im linken Gebäude ist Bausubstanz aus dem 18. Jh. erhalten;
das rechte wurde völlig umgebaut und erhielt 1994 einen
Erweiterungsbau (Stadt Hagen).
Die Reste eines englischen Parks sind noch ablesbar.

Zum Adelssitz gehörten auch die Buschmühle
(Objekt Nr.: 27) und das Vinckesche Erbbegräbnis im Fleyer
Wald aus dem Jahre 1827.

Objekt Nr.: 10
Funckenhof
HA-Vorhalle, Funckenhausen 1

Baujahr: 1713

1421 kam das „Gut Sporbeck", dessen Ursprung in das 8. Jh. zurückgeht, in den Besitz der Familie Funcke und ist seitdem nach ihr benannt.
Nach einem Brand wurde das Hauptgebäude 1713 in schwarz-weißem Fachwerk mit auskragenden Geschossen, Zierstreben, Andreaskreuzen und einem kleinen Erker neu errichtet. Über der Haustür die Inschrift „anno 1713 den 18 may". Ebenso am First auf der Wetterfahne die Jahreszahl 1713, darüber befindet sich ein verschieferter Dachreiter.
Der Wohnbereich ist teilweise original erhalten, so z.B. der steinerne Kamin und die geschnitzte Barocktreppe in der ehem. Wohnhalle. Die Wirtschaftsteile sind in den vergangenen Jahrzehnten verändert worden; der ehem. Scheunenteil wird 1996 zu einer Kindertagesstätte umgebaut.
Auf dem Gelände befindet sich außerdem ein hölzerner, 1-geschossiger Kornkasten mit hohem Drempel (Bezeichnung: „anno 1665 den 10 July"); im Krieg stark beschädigt, wurde er 1965 restauriert.

Objekt Nr.: 11
Evang. Kirche
HA-Berchum, Berchumer Kirchplatz 5

Baujahr: 1731

Der schlichte, barocke Saalbau mit vorgesetztem, quadratischen Westturm war Nachfolgebau einer Kapelle aus dem 14. Jh. Teile des Fundamentes und des Materials dieser Kapelle fanden in dem jetzigen Bau Wiederverwendung.
An den Längsseiten befinden sich je drei hohe Rundbogen-fenster, die 1954 erneuert wurden.
1989/90 wurde das steinsichtige Mauerwerk restauriert und mit einer dünnen Schlämmschicht überzogen. Das Portal mit Wappen wurde 1989 nachgebaut. Die originale Vorlage wird im Inneren der Kirche aufbewahrt.

Objekt Nr.: 12
Hof Schemmann
HA-Haßley, Raiffeisenstr. 37

Baujahr: Haupthaus 1742, später erweitert

Das 2-geschossige Hauptgebäude des Hofes mit verbretterten Giebelschilden und Krüppelwalmdach entspricht dem Haustyp des „Niederdeutschen Längsdeelenhauses".
Im 19. Jh. wurde der Wohnteil erweitert. Nordöstlich befindet sich ein kleines Fachwerkgebäude, das ehem. Speicher-backhaus. Links vom Haupthaus steht der Kornkasten aus Eichenbohlen; er wurde 1975 restauriert. Der ehem. Stall mit hohem Drempel und vorgesetzter Wagenremise wird heute zum Teil als Garage genutzt.
Der Schemmann's Hof gibt mit seinen vollständig erhaltenen und weitgehend unveränderten Bauten das Bild eines groß-bäuerlichen, westfälischen Hofes wieder. Der bis heute ländliche Charakter der Bauerschaft Haßley ist durch Neubauten verändert worden.

Objekt Nr.: 13
Ehem. Reidemeisterhaus
HA-Haspe, Voerder Str. 74

Baujahr: 1747

Die Berufsbezeichnung „Reidemeister" steht für das Verarbei-ten von Eisen zu Werkzeug und dem Handel sowohl mit den eigenen als auch den Erzeugnissen anderer Schmieden.
Die Vorderfassade des 2-geschossigen Fachwerkhauses mit Krüppelwalmdach ist mit zwei Friesen von Andreaskreuzen verziert. Die Fassade in bergischer Farbgebung hat leicht vorkragende Geschosse. Über dem Türbalken die Inschrift: „Wirff Dein Augen auf den Herren. Er wird dich versorgen und wird den gerechten nicht ewiglich in unruhe lassen. Anno 1747 DEN 8 APRIL AD/KH/AEB/F". Im Inneren ist die originale Raumaufteilung größtenteils erhalten geblieben.
Da das Gebäude seit längerer Zeit leer steht, wird derzeit über eine Umnutzung verhandelt.

Objekt Nr.: 14
Evang.- Reform. Pfarrkirche Hohenlimburg und Gemeindehaus
HA-Hohenlimburg, Freiheitstraße und Langenkampstraße

Baujahr : 1749-1751,
Turmbekrönung 1898,
Gemeindehaus 1986/87
Architekt : Gemeindehaus
Ernst Ulrich Kohlhage und Gerd Pickenhan, Hagen

Der schlichte, rechteckige Saalbau mit Westturm ist ein eindrucksvolles Beispiel des bergischen Typus im protestantischen Kirchenbau. Im Gegensatz zur einfachen Außenfassade ist das Innere mit der bemalten Holzdecke von J. J. Kleiner aus dem Jahre 1751 sowie der aus gleicher Zeit stammenden Kanzel mit Rokokoschnitzerei reich gestaltet. Der Turm wurde in der 2. Hälfte des 19. Jahrhunderts mehrmals verändert, bis er 1889 seine jetzige Form erhielt; er wurde 1990/91 restauriert. Das vollständig erhaltene Geläut wurde 1895 von der Firma Hamm (Frankental/Pfalz) gegossen, die 1875 auch die Kaiserglocke des Kölner Doms herstellte.

Das Gemeindehaus (s. Abb.) wurde in schlichter, moderner Ausführung als eckumgreifender Anbau errichtet. Teilweise wurde das Abbruchmaterial der alten Sakristei für den Neubau verwendet. Der hell verputzte Baukörper ist einfühlend an den historischen Kirchenbau angefügt, hebt sich jedoch durch die moderne Gestaltung und Materialwahl aus Zink, Glas und Naturschiefer ab.

Die ursprüngl. dichte Bebauung, die die Kirche von jeher umgab, wurde in den Nachfolgebauten beibehalten.

Objekt Nr.: 15
Evang. Johanniskirche
HA-Mitte, Johanniskirchplatz

Baujahr   : 1748-50
Architekt : Georg Eggert, Tirol

Im Ursprung älteste Kirche Hagens. Der erste Bau entstand vermutlich um 800 und war Ausgangspunkt der Hagener Stadtentwicklung.
Diese 1748/50 auf einem Vorgängerbau aus dem 12. Jh. errichtete, 3-schiffige Barockkirche wurde erst 1903 durch einen westlichen Anbau mit Turm verändert.
Nach den starken Zerstörungen des 2. Weltkrieges erfolgte in den 50er Jahren der Wiederaufbau in vereinfachter Form (Architekt: A. Schultz). Der Architekt P. Gottschalk (Letmathe) stellte den Turm in abgewandelter, moderner Form mit hohem Kupferhelm wieder her. Anfang der 1990er Jahre wurde die Fassade umfangreich saniert, u.a. auch die Rosette an der Frankfurter Straße.
An der Nordseite befinden sich außen 8 Grabplatten aus dem 17. und 18. Jh.

Ab 1996 entstehen im Zuge des Bauprojektes „Springe Medienzentrum" um die Kirche neue Platzsituationen.

Objekt Nr.: 16
Fachwerkhaus „Haus Stennert",
heute Gaststätte und Hotel
HA-Westerbauer, Enneper Str. 3

Baujahr: um 1750

Giebelständiges Fachwerkhaus mit verschiefertem Krüppelwalmdach und leicht vorkragendem, erstem Obergeschoß.
Die Vorderseite weist zwei Friese mit Andreaskreuzen auf, der untere mit teils ausgesägten Hölzern. Die straßenseitige Fassade präsentiert sich aus dicht gestellten Ständern in drei Achsen. Die Eingangstür wurde an die Längsseite des Gebäudes verlegt.
Das Gebäude ist Teil der einstigen Bebauung der Enneper Straße. Als ehem. Reidemeisterhaus ist es eines der wenigen erhaltenen Hausbeispiele aus der vorindustriellen Zeit in Hagen.
Die ursprüngl. barocke Eingangstür mit Oberlicht befindet sich heute im Westfälischen Freilichtmuseum Hagen (Objekt Nr.: 129).

Objekt Nr.: 17
Gut Herbeck
HA-Halden, Sudfeldstr. 3

Baujahr: 1755-1830

Die ehem. Gutshöfe Nieder- und Oberherbeck sind Vorläufer
des heutigen Gutes Herbeck. Oberherbeck befand sich um
1296 auf dem rechts oberhalb der heutigen Gutsanlage
gelegenen Feld. Die letzten Reste des Mauerwerks wurden in
den 1980er Jahren abgebrochen.
Die jetzigen Gebäude stehen auf dem Areal des ehem.
Niederherbeck.
Die geschlossene Anlage mit Park und Allee besteht aus zwei
parallel gestellten, frühklassizistischen Längsdeelenhäusern
(1794), einer Scheune (1829), mehreren Nebenhäusern und
einer Wagenremise.

Objekt Nr.: 18
Haus Harkorten
HA-Haspe, Harkortstr. 1-3

Baujahr : 1774-76
Architekt : vermutl. Schwelmer Meisterschule

Das Gut Harkorten ist seit 300 Jahren im Besitz der Familie
Harkort.
Hier wurde Friedrich Wilhelm Harkort (1793-1880) geboren. Er
gilt als „Wirtschaftspionier" und beeinflußte die industrielle
Entwicklung im Ruhrraum maßgeblich.
Am Ende einer Allee gelegen, steht das Haupthaus (1774/76)
und daneben das Geburtshaus von F. W. Harkort (1681).
Das mächtig geschwungene Mansarddach, die aufwendige
Gestaltung der Fensterrahmung, die kunstvolle Eingangstür mit
Freitreppe und der geschweifte Giebel repräsentieren in
eindrucksvoller, barocker Fülle den Wohlstand der Erbauer.

Das Erbbegräbnis der Familie Harkorten liegt nördlich vom
Haupthaus am Bremker Bach.
Die ehem. Brennerei (um 1800) wurde 1974 in das
Westfälische Freilichtmuseum Hagen transloziert (Objekt
Nr.: 129).

In der Nähe an der Grundschötteler Straße liegt die ehem.
Harkortsche Fabrik. Die erhaltenen Reste der Fabrikanlage
dokumentieren in typischer neoklassizistischer Gestaltung den
Industriebau Mitte des 19. Jahrhunderts.
Nach dem 2. Weltkrieg wurde die Produktion stillgelegt, und
das Gebäude stand lange Zeit leer. Erst Anfang der 90er Jahre
wurde es renoviert und an den neuen Nutzer übergeben.

Objekt Nr.: 19
Wacholderhäuschen
HA-Haspe, Berliner Straße 90

Baujahr: 1780-1790

An der ehem. Handelsstraße „Enneperstraße", heutige B7, gründete Peter-Christoph Eversbusch 1817 eine Wacholderbrennerei, bis heute ein Familienbetrieb.
In der Hasper Heimatgeschichte hat das „Wacholderhäuschen" seinen festen Platz. Das klassizistische Haupthaus in bergischer Farbgebung und älteste Gebäude der Brennerei ist ein 2-geschossiger, verschieferter Fachwerkbau mit charakteristischem Dreiecksgiebel über der Traufe. Die bergische Eingangstür liegt in der Mitte der symmetrisch gegliederten, 5-achsigen Hauptfassade. Im linken Giebelschild ist ein Adler in die Zierverschieferung eingearbeitet worden. Wahrscheinlich wurde das Gebäude schon um 1790 von Heinrich Schröder erbaut, in dessen Familie P. C. Eversbusch später einheiratete.
Für die Familienangehörigen entstanden zwischen 1886 und 1929 an der Berliner Str. 86, 88 und 90 drei herrschaftliche Villen in bergischer Bautradition.

Objekt Nr.: 20
Niederste Hülsberg
HA-Vorhalle, Weststr. 145

Baujahr: 1785

Der Gutshof wurde 1100 erstmals im Werdener Abteiregister erwähnt.
Nach dem Brand im Jahre 1785 wurde das heutige Gebäude von Johann-Peter Niederste-Hülsberg errichtet. Das prächtige Haupthaus ist im Wohnteil verschiefert und mit reichen Verzierungen des Klassizismus an Traufe, Fenstern und Eingangstüren versehen. Der Deelenteil ist in Sichtfachwerk mit Andreaskreuzen gestaltet. Die anschließende Scheune aus Bruchstein wurde 1874 erbaut.
Bemerkenswert ist die noch originale Jugendstil-Inneneinrichtung.
Im Garten ist eine polygonale Gartenlaube mit gußeisernen Säulen erhalten. Aus der gleichen Zeit stammt auch das Lanzettengitter am Tor.

Objekt Nr.: 21
Ehem. Haus Dahl, heute Postamt
HA-Dahl, Dahler Str. 65

Baujahr: um 1790

Das schon im Urkataster von 1825 verzeichnete, frühklassizistische Gebäude ist der Nachfolgebau eines mittelalterlichen Herrensitzes, der wohl an gleicher Stelle stand und 1729 durch einen Brand zerstört wurde.
Das 5-achsige Gebäude mit holzverkleidetem Frontongiebel hat ein schlichtes Mittelportal, das über eine doppelläufige Freitreppe erreichbar ist.
Der Verlauf des Grabens und der ursprüngl. Park mit mehreren 100 bis 150 Jahre alten Bäumen ist noch deutlich erkennbar.

Objekt Nr.: 22
Schultenhof, heute AWO-Begegnungsstätte
HA-Eilpe, Selbecker Str. 16

Baujahr: um 1792

Der Schultenhof war der Sitz des sogenannten Dorfschulten, der u.a. die Abgaben der umliegenden Gehöfte einzog und an bestimmten Tagen im Jahr Gericht hielt.
Die verschieferte Fassade mit gemusterten Bändern und Feldern sowie die augenfällige Doppeltür mit Oberlicht und schlichten, aufgelegten Stab- und Strahlenornamenten spiegeln den Wohlstand des Erbauers wieder.
Das Haus wurde 1985/86 restauriert und zu einer Begegnungs-stätte umgebaut.
Das Türmotiv wiederholt sich in abgewandelter Form an mehreren Eingangstüren in Eilpe.

Objekt Nr.: 23
Ehem. Burgmannenhäuser „Die sieben Kurfürsten"
HA-Hohenlimburg, Herrenstr. 24, 28, 32/ Wesselbachstr. 1

Baujahr: 18. Jh.

Sieben Adelssöhne, die in der Gefolgschaft des Schloßherren mit besonderen Privilegien ausgestattet waren, errichteten unterhalb des Schloßberges Anfang des 17. Jahrhunderts ihre Wohnhäuser. Diese Gebäude existieren heute nicht mehr. Von den im 18. Jh. an gleicher Stelle erbauten Häusern, für die der Volksmund die Bezeichnung „7 Kurfürsten" übernommen hat, stehen nur noch die oben aufgeführten. Von den drei anderen wurden zwei abgebrochen und eines, die ehem. Gaststätte „Zu den 7 Kurfürsten" in das Westfälische Freilichtmuseum Hagen (Objekt Nr.: 129) transloziert.
Herrenstr. 32 wurde 1990 umfangreich restauriert.

Objekt Nr.: 24
Ortskern Hohenlimburg
Bereich Freiheitstraße/Herrenstraße/Lohmann-, Gauß- und Dieselstraße

Baujahr: 18. Jh./19. Jh. - 1990er Jahre

Im Ortskern Hohenlimburg ist noch ein Teil der ursprüngl., dichten Fachwerkbebauung aus dem 18. und 19. Jh. erhalten. Mit zunehmender Industrialisierung wurden um 1900 zahlreiche Fachwerkhäuser durch 2-4-geschossige Gebäude ersetzt, so daß der Ortskern an vielen Stellen durch eine historisierende Bebauung geprägt wird. Unsensible Sanierungsarbeiten in den vergangenen Jahrzehnten haben das Stadtbild zwischenzeitlich verändert.
In der Lohmannstraße und in der Gaußstraße wurden Anfang der 1990er Jahre etliche Fachwerkhäuser restauriert und modernen Nutzungsvorstellungen angepaßt (siehe z.B. Fachwerkhaus Gaußstr. 8). Herrenstr. 4, die Gaststätte „Alt Limburg", gilt als das älteste, erhaltene Haus in der Innenstadt. An der Stennertbrücke (Stennertstraße 18-20) ist der Bentheimer Hof von 1776 (erste urkundliche Erwähnung) erhalten. Als Poststation und Gaststätte errichtet, gilt letztere Nutzung bis heute.

II. Vom Klassizismus zum Historismus

„Edle Einfalt, stille Größe". So beschrieb Johann Joachim Winckelmann, der Begründer der klassischen Archäologie, die Kunst der antiken Welt.

Etwa zwischen 1770 und 1840 erkannte man in der Kunst der alten Griechen und Römer Ideale und Gesetzmäßigkeiten, die der aufgeklärte Adel und das zunehmend erstarkende Bürgertum als Gegenpol zu dem verschwenderischen und höfischen Barock verstanden. Der Klassizismus sollte jedoch nicht einfaches Nachahmen sein, sondern Erneuerung im Geiste der Antike versinnbildlichen.

Nüchternheit und Klarheit waren Inhalte, die über die Architektur transportiert wurden. Merkmale klassizistischer Fassaden sind die strenge Symmetrie der monumentalen Gestaltung, durch Maß und Zahl belegte Gesetzmäßigkeiten sowie Sparsamkeit in Farbe und Ausstattung. Bedeutende Vertreter der klassizistischen Baukunst waren F. W. von Erdmannsdorf und Karl Friedrich Schinkel in Deutschland, J. G. Soufflot, C. Percier und P. F. L. Fontaine in Frankreich und die Brüder Adam und J. Soane in England. Die Walhalla auf den Donauhängen bei Regensburg, die von Leo von Klenze zwischen 1830 und 1842 im Auftrag von Ludwig I. von Bayern errichtet wurde, gilt als eines der wichtigsten klassizistischen Baudenkmäler Deutschlands.

Karl Friedrich Schinkel war seit 1815 Geh. Oberbaurat und ab 1831 Oberbaudirektor der preußischen Oberbaudeputation in Berlin. Im Dienst des preußischen Königs Friedrich II, der Hagen 1746 zur Stadt erhob, avancierte Schinkel zur bedeutendsten Persönlichkeit der klassizistischen Baukunst und prägte nicht zuletzt durch seine Position zahlreiche Bauten in Deutschland. Hagen besuchte er nachweislich zweimal.

Während seiner Amtszeit entstanden das alte Rathaus (heute nicht mehr erhalten), von 1830-32 durch Friedrich Ritter errichtet (Objekt Nr.: 44), die Marienkirche 1826/29 erbaut und 1895 abgerissen, sowie das bis heute in seiner Monumentalität beeindruckende, alte Landgericht (Objekt Nr.: 32) an der Hochstraße. Auch zahlreiche bürgerliche Privat- und Fabrikbauten sind von klassizistischen Einflüssen geprägt, wie z. B. das Bürgerhaus Korte (Objekt Nr.: 31) oder die Buschmühle an der Ruhr (Objekt Nr.: 27). Der reine Klassizismus, wie er sich am ehem. Hagener Landgericht darstellt, ist jedoch selten zu finden. Bereits in der ersten Hälfte des 18. Jahrhunderts begann in der Baukunst eine Vermischung von unterschiedlichsten Stilen. Eine Form der Gestaltung, die man später Historismus nannte. Sie ist Ausdruck einer Zeit, in der auf dem Sektor der Industrieproduktion und der Ingenieurkunst große Leistungen vollbracht wurden, in der jedoch die schöpferische Phase in Kunst und Kultur zum Erliegen kam. So stellt der Historismus keine neue Form der Baukunst dar, sondern ein katalogartiges Zitieren vergangener Epochen. Je nach Geschmack des Bauherrn wurde die repräsentative Hauptschauseite eines Gebäudes mit unterschiedlichsten Schmuckelementen versehen: zunächst aus der Gotik und Romanik, dann aus der Renaissance und dem Barock schließlich sogar aus dem Klassizismus. Es entstanden die Begriffe der Neugotik, Neoromanik, Neorenaissance, des Neobarocks und des Neoklassizismus.

In Hagen dokumentiert die Villa Vorster (Objekt Nr.: 28) sehr anschaulich den Übergang vom Klassizismus zum Historismus. Der streng symmetrisch gegliederte Kubus mit hoher Attika wird bereits durch die Verzierungen über den Fensterstürzen und an der Attika, die der Renaissance entnommen sind, aufgelockert.

Um die Jahrhundertwende brach in den Städten, bedingt durch die Industrialisierung und den neu entwickelten Techniken, auf dem Bausektor ein regelrechter Bauboom aus. Ganze Stadtkerne aus Fachwerkbauten wurden zugunsten von 2-4-geschossigen Mietwohnhäusern niedergelegt. Erhaltenes und sehenswertes Beispiel hierfür ist der Ortsteil Wehringhausen (Objekt. Nr.: 29). Hier entstanden in kürzester Zeit komplette Straßenzüge von mehrgeschossigen Bürgerhäusern, deren Fassaden in ihrer repräsentativen Gestaltung noch heute miteinander wetteifern.

Im Eklektizismus fand der Historismus seine ausgeprägteste und reichhaltigste Form. Die Villa Bettermann an der Stennertstraße in Hohenlimburg (Objekt Nr.: 40) dokumentiert diese Schmuckfülle in bemerkenswerter Weise.

Objekt Nr.: 25
Buschey-Friedhof
HA-Wehringhausen, Bergischer Ring/Grünstraße

Baujahr: 1810, später erweitert

Der Friedhof ist Eigentum der lutherischen, katholischen und reformierten Gemeinden Hagen-Mitte.
Mit der umlaufenden, hohen Mauer, dem alten Baumbestand und den teilweise sehr qualitätvoll gestalteten Grabanlagen vom Klassizismus bis in die 20er Jahre dieses Jahrhunderts ist der Friedhof einer der schönsten in NRW.
Bedeutende Familien der Hagener Stadtgeschichte wie Harkort, Funcke, Elbers und Osthaus haben hier ihre Grabstätten.

Für die Gräber der Familie Osthaus entwarf George Minne verschiedene Skulpturen: „Auferstehender Jüngling"; „Büste einer jungen Frau"; „Unsterblichkeit".
Den Gedenkstein für August Kuth, einem Mitarbeiter und Freund von Osthaus, gestaltete J. L. M. Lauweriks.

Objekt Nr.: 26
Zentrum Haspe
Bereich Berliner Straße/Tillmannsstraße/
Swolinzkystraße/Kölner Straße/Voerder Straße

Baujahr: 1. Hälfte 19. Jh. - 1990er Jahre

Das Hasper Zentrum wird in der Hauptsache von historistischer Architektur mit Jugendstileinflüssen geprägt.
Der qualitätvoll gestaltete Eingang des Hotels Union (Kölner Str. 25) oder die phantasievollen, der Seefahrt entnommenen Stuckornamente an dem Gebäude Tillmannstraße 13 sollen beispielhaft für den repräsentativen Anspruch an die Architektur um die Jahrhundertwende genannt werden.
Die dichte Bebauung dokumentiert den wirtschaftlichen Aufschwung der damals selbständigen Stadt Haspe (Eingemeindung 1929) während der Industrialisierung. Entlang der Kölner und Voerder Straße sind noch Fachwerkbauten, meistens verschiefert, aus der frühindustriellen Zeit erhalten.
Das Hasper Zentrum wurde über 120 Jahre sowohl wirtschaftlich als auch baulich durch die Hasper Hütte (Gründung 1845) geprägt. Mit der sukzessiven Schließung dieses großen Wirtschaftsunternehmens zwischen 1967 und 1980, der damit verbundenen Arbeitslosigkeit und den entstehenden Industriebrachen wurde Haspe zum größten Sanierungsgebiet NRWs. Es entstand ein neues Zentrum, in dem lediglich Straßen- und Platzbezeichnungen (Hüttenplatz) an ein Unternehmen erinnern, das vormals 8.000 Menschen Arbeit gab.

Objekt Nr.: 27
Ehem. Buschmühle, ursprüngl. Mehl- und Graupenfabrik, später Holzschleiferei
HA-Kabel, Ruhrtalstr. 29, 26-32

Baujahr: um 1850/1900

Die erste Buschmühle, die zum Adelssitz „Haus Busch" (Objekt Nr.: 9) gehörte, stand ebenfalls im Lennetal, wahrscheinlich jedoch an anderer Stelle. Das heutige Gebäude mit dazugehörigem Herrenhaus und Kutscherhäusern mit Remise wurde um 1850 errichtet. Zur Wasserkraftgewinnung legte man die Turbinenhalle über einen Zweigarm der Lenne, dem sog. „Kuckucksstrang". Nach einem Brand um 1900 wurde die Fabrikhalle in vereinfachter Form wiederhergestellt. Seitdem wurde hier Holz zur Papierverarbeitung geschliffen.
Die hohen Rundbogenfenster mit Rundbogenblenden an dem hell verputzten Backsteinbau zeigen die ursprüngl. klare Gestaltung.
Das gegenüberliegende, ehem. Herrenhaus weist eine 7-achsige, spätklassizistische Fassade mit veränderten Eingängen auf.
Die Kutscherhäuser aus Backstein an der Straße sind gut erhalten und zeigen einen romantisierenden Baustil mit Rundbogenfries und rundbogigen Fenstern und Türen mit Archivoltenbändern.
Seit den 1950er Jahren nur noch als Lager genutzt, wurde 1984/85 mit der Restaurierung begonnen und 1990 die gesamte Anlage modernisiert. Heute dienen sämtliche Turbinen der Stromerzeugung für die Einspeisung in das öffentl. Netz.
Gegenüber befindet sich ein ehem. Gasthaus mit Pferdeställen.

Objekt Nr.: 28
Ehem. Villa Vorster, heute Villa Steinwender
HA-Delstern, Delsterner Str. 120

Baujahr: um 1855

Die Vorsters gehörten zu den einflußreichsten und bedeutendsten Hagener Industriellenfamilien.
Die 2-geschossige Villa mit abschließendem Mezzaningeschoß liegt in einer ehem. Parkanlage. Hinter der Attika verbirgt sich ein flachgeneigtes Zeltdach. Ein Muschelornament im ersten Obergeschoß betont die Mittelachse der symmetrischen Hauptseite. Die Fenster sind als hohe Fenstertüren mit Eisengittern in klassizistischer Form verziert. Die Fassadengliederung dokumentiert den Stil vom Übergang des Klassizismus zum Historismus.
Über dem von der Volme abgezweigten Wassergraben stand die ehem. „Oberste Mühle", die älteste Hagener Papiermühle. Sie wurde 1693 von Matthias Vorster mit holländischen und rheinischen Arbeitern gegründet.
Bei dem heutigen, backsteinernen Fabrikgebäude handelt es sich um ein Konglomerat aus An-, Um- und Neubauten.

Objekt Nr.: 29
Zentrum Wehringhausen
Bereich Augustastraße/Buscheystraße und Franklinstraße/
Mauerstraße/Christian-Rohlfs-Straße

Baujahr: 2. Hälfte 19. Jh. - 1990er Jahre

Von der ursprüngl. vereinzelt vorhandenen Fachwerkbebauung
ist heute fast nichts mehr erhalten. Erwähnenswert ist der
ehem. Grummerthof (Hofstelle seit 1486 belegt), der im
Innenhofbereich der Bebauung Grummertstraße/
Pelmkestraße erhalten ist.
Nachdem Wehringhausen 1876 eingemeindet wurde,
entwickelte die Hagener Stadtverwaltung ein städtebauliches
Gesamtkonzept, das weitgehend verwirklicht wurde.
So ist die damals geplante „Dreiteilung" von Wehringhausen
auch heute noch ablesbar.
Da der Stadtteil Wehringhausen die Bombenangriffe des
2. Weltkrieges relativ unbeschadet überstanden hat, haben
sich viele Straßenzüge mit ihrer historischen Bebauung,
besonders im Bereich des Wilhelmsplatzes, erhalten, deren
Fassaden die Formenvielfalt des Historismus und des
Jugendstils repräsentieren.
Die neubarocke, evang. Pauluskirche an der Langestraße/
Gutenbergstraße entstand 1909/11 nach den Plänen des
Wuppertaler Regierungsbaumeisters Heinrich Plange.
Der 1906 von P. Behrens eingereichte Entwurf wurde nicht
realisiert.
Die 3-schiffige, kath. Michaelskirche an der Langestraße/
Pelmkestraße errichtete 1914/15 C. C. Pickel, der bereits
1892/95 die St. Marienkirche an der Hochstraße entwarf
(Objekt Nr.: 41).

Den Bereich oberhalb der Buscheystraße kennzeichnet eine
aufgelockerte Villenbebauung mit zahlreichen Anlehnungen an
den „Hagener Impuls", so z.B. die Villa an der Stadtgartenallee
1/1a, die nach einem Entwurf der Gebr. Ludwigs entstand. In
diesem Bereich sind jedoch auch noch andere
Architekturformen vertreten, wie z.B. die 1924 durch die
Architekten Woltmann (Hagen) in bergisch-märkischer
Architekturtradition errichtete Doppelvilla an der Schumannstr.
8/10. Im übrigen wurde besonders dieser Teil Wehringhausens
in den letzten Jahren durch zahlreiche Neubauten verdichtet.

Desweiteren prägen Häuser und vor allem Wohnsiedlungen
aus den 1920er Jahren, wie die Siedlung an der
Henschelstraße, die der Architekt E. Kohlhage konzipierte, den
Ortsteil.

Objekt Nr.: 30
Evang.- luth. Kirche
HA-Haspe, Frankstraße/Kölner Straße

Baujahr : 1858-61
Architekt : Friedrich Schmidt, Haspe

Neuromanischer Kirchentyp mit klassizistischen Einflüssen. Der schlichte Saalbau mit flachgeneigtem Satteldach wurde 1988/90 restauriert; dabei versetzte man den 1957 umgestalteten Kirchenraum in seinen ursprüngl. Zustand zurück. Die Architekturmalerei des 19. Jahrhunderts wurde im Bereich der Seitenwände an einer Stelle wieder freigelegt; dies gilt auch für die Wandmalerei in der Apsis, die in den 1950er Jahren von Prof. Thol entworfen wurde. Bei den ebenfalls in den 1950er Jahren von A. Schüller entworfenen Kirchenfenstern wurden Splitter von den im Krieg zerstörten Fenstern eingearbeitet. Das Turmfenster über dem Hauptportal entwarf L. Janischowsky 1992.
Der quadratische Turm mit schlankem Achteckaufsatz wurde 1988/91 restauriert und renoviert.

Objekt Nr.: 31
Ehem. Bürgerhaus Korte
HA-Haspe, Berliner Str. 108

Baujahr : 1858
Architekt: Friedrich Schmidt, Haspe

Spätklassizistisches Bürgerhaus durch einen Vorgarten
von der Straße zurückgesetzt. Der Mittelrisalit, der seitlich von
Säulen gerahmt wird, findet seinen Abschluß in dem Dreiecks-
giebel mit kräftig vorspringendem Kranzgesims aus Holz.
Das gesamte Gesims ist mit Zahnschnitt versehen.
Die Berliner Straße kennzeichnet an dieser Stelle eine
aufgelockerte Villenbebauung, die teilweise neoklassizistische
Merkmale aufweist.

Objekt Nr.: 32
Ehem. Land- und Kreisgericht,
heute Verwaltungsgebäude und Museum für
Stadt- und Heimatgeschichte
HA-Mitte, Hochstraße/Prentzelstraße

Baujahr : 1863-1866
Architekt: Carl-Friedrich Busse, Berlin

Busse arbeitete in der Baudeputation Berlin als Bauassessor und
war engster Mitarbeiter von Karl-Friedrich Schinkel.
Der spätklassizistische, 3-geschossige Sandsteinbau ist in
symmetrischen, strengen Formen gestaltet.
Er ist das späteste Werk Busses in Westfalen.
Die straßenseitige Fassade wird durch den Mittelrisalit mit
Dreiecksgiebel betont. 1981/82 wurde das Gebäude restauriert
und nach den Originalplänen ergänzt.
Ein Umzug des Museums in die ehem. Fabrik Wippermann
(Delsterner Str. 71-79), das zu einem Kultur- und
Wirtschaftszentrum ausgebaut wird, ist geplant.

Gegenüber (Hochstr. 74) befindet sich das Gebäude der
ehem. Sparkasse Boele-Hagen. Es wurde zu Beginn dieses
Jahrhunderts von dem Architekten Peter Wiehl errichtet.
Trotz Kriegszerstörungen sind Teile der phantasievollen
Fassadengestaltung erhalten.

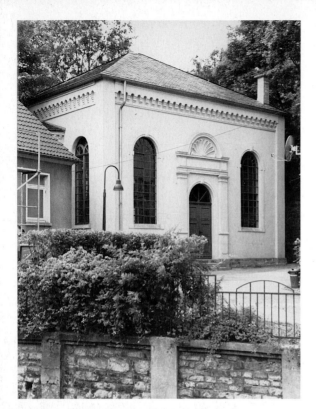

Objekt Nr.: 33
Ehem. Synagoge, heute Mahn- und Gedenkstätte
HA-Hohenlimburg, Jahnstr. 44

Baujahr : 1868-1870
Architekt : Liesenhoff, Letmathe-Oestrich

Die Synagoge mit Schulgebäude (Baujahr: 1906) ist Teil des ehem. jüdischen Wohnviertels im Bereich Herrenstraße/ Jahnstraße. In der „Reichskristallnacht" 1938 wurden das Dach, die Fenster und das Innere der ehem. Synagoge weitgehend zerstört. Danach wurde das Gebäude mehrfach umgenutzt, bis es 1986 fast vollständig restauriert werden konnte. Die innere Gestaltung ist der ursprüngl. Synagoge nachempfunden.
Der kubische Bau wurde im „Rundbogenstil" auf quadratischem Grundriß errichtet.
An der Ostseite befindet sich die 5-seitige Thoranische. Das Portal an der Nordseite wird von zwei kannelierten Pilastern gerahmt, darüber ein Inschriftenfeld und als Abschluß ein stilisiertes Muschelornament. An der Westecke befand sich der Fraueneingang mit einer Treppe zur Frauenempore.

Objekt Nr.: 34
Haus Ruhreck
HA-Boele, Schwerter Str. 55

Baujahr: 1871-78

Erbauer des schloßähnlichen Gebäudes war der Waggonfabrikant Casper Daniel Killing, durch den die Bezeichnung „Killingsburg" im Volksmund entstand.
Die auf einer Hügelkuppe gelegene Villa ist von der Straße aus durch eine Toreinfahrt mit seitlichen Backsteinpfeilern und einem eisernen Gitter zu erreichen.
Umgeben von altem Baubestand, präsentiert sie sich in neogotischer Formensprache.
Das 2-geschossige Gebäude aus Sandsteinquadern weist hinter dem umlaufenden Zinnenkranz ein flachgeneigtes Dach auf. Die Hauptfront wird durch zwei unterschiedlich hohe Türme geprägt. Der runde Treppenhausturm mit Zinnenkranzabschluß überragt den Gebäudekubus.
Das Nebengebäude nimmt den Stil des Haupthauses auf.

Objekt Nr.: 35
Ruhr-Viadukt
HA-Vorhalle/Herdecke, Harkortsee

Baujahr   : ca. 1877-1880
Architekt : Königlich Preußische Eisenbahnverwaltung

Mit der Fertigstellung des Viaduktes erhielt Herdecke die wirtschaftlich wichtige Anbindung an entscheidende Verkehrsverbindungen über Hagen.
Das zwölfbogige Brückenbauwerk ist mit rustikalen Blendbossenquadern verkleidet. Die Lisenen an den Pfeilern dienen zur Stärkung des Mauerwerkes. Der obere Abschluß mit Zahnschnittgesims und Brüstung wurde nach dem 2. Weltkrieg aus Beton erneuert.
Das technische Bauwerk ist ein imposantes Zeugnis des Fortschrittgedankens der beginnenden Industrialisierung.

Objekt Nr.: 36
**Kath. Pfarrkirche St. Johannes-Baptist
und Gemeindehaus**
HA-Boele, Boeler Kirchplatz

Baujahr   : 1877-1889
Baujahr Gemeindehaus   : 1991/92
Architekt Gemeindehaus : Architekturatelier 13,
                                        Hermesmann/Brennecke/
                                        Bocquentin, Hagen

Auf den Fundamenten einer romanischen Vorgängerkirche aus dem 12. Jh. entstand die 3-schiffige Basilika mit Doppelturmfassade. Haupt- und Nebeneingänge sind mit Säulen und Rankenwerk verziert. Das Äußere orientiert sich an rheinischen, spätromanischen Kirchen. Kirchenfenster, Türen und die Inneneinrichtung wurden mit Ausnahme der spätgotischen Holzstatue (Mutter Gottes mit Kind) Mitte der 1980er Jahre erneuert.
Unter Wahrung der mittelalterlichen Platzform wurde die Bebauung um die Kirche nach 1877 weitgehend im Stil des Historismus errichtet.

Das Gemeindehaus wird aus mehreren, differenzierten Baukörpern gebildet. Der Eingangsbereich wird durch eine großflächige Verglasung sowie durch eine filigrane Vordachkonstruktion pointiert. Die unterschiedlichen Fensterformen und die blau gestrichenen Fensterrahmen setzen Akzente an dem ansonsten weiß verputzen Gebäude.
In unmittelbarer Nähe hinter dem Krankenhaus liegt eine Wegkapelle. Diese wurde aus verschiedenfarbigen Sandsteinquadern 1912 von den Inhabern des „Hessings Hofes", der 1963 für die hinter der Kapelle stehende Wohnsiedlung weichen mußte, errichtet.
Die Eichentür mit Maßwerkfeldern und auch die Innenbemalungen sind original erhalten.

Objekt Nr.: 37
Nahmertal
Industriebebauung

HA-Hohenlimburg, Bereich
Unternahmerstraße/Obernahmerstraße

Das Nahmertal, das zu den ältesten Gewerbe- und
Industrietälern Deutschlands gehört, blickt auf eine bewegte
Geschichte zurück. Seit dem 13. Jh. wurde die Wasserkraft
der vorhandenen Bäche von den sich stetig ansiedelnden
Klein- und Gewerbebetrieben genutzt, u. a. für die
Eisenerzeugung und -verarbeitung, für die Drahtindustrie und
Kupferhämmer des Tales. Einige Produktionswerkstätten aus
dem 18. und 19. Jh. sind heute noch erhalten, größtenteils
jedoch zu Wohnhäusern umgenutzt, wie z.B. in der Haardstr.
5/12/17/19 und in der Schleipenbergstr. 29/31/76/84/90/93.
Mit dem Einzug der Dampfmaschine in das Nahmertal 1858
durch Friedrich Boecker wurde der Produktionsschwerpunkt
auf das Kaltwalzen verlegt.
Der wirtschaftliche Aufschwung ist durch zahlreiche
Fabrikneubauten und den Bau der 1900 eingeweihten
Hohenlimburger Kleinbahn dokumentiert. So gründete 1872
Friedrich König ein Hammerwerk, das 1890 um ein
Kaltzwalzwerk und 1892 um ein Röhrenwerk erweitert wurde.
Bei den heutigen Fabrikbauten handelt es sich größtenteils um
Gebäude, die von 1880-1925 errichtet wurden. Der Architekt
Eugen Friederich und im besonderen das Büro Otto de Berger
führten zahlreiche Industriebauten aus.

Die ehem. Fabrikhalle des Hoesch Kaltwalzwerkes an der
Unternahmerstr. 24 von 1920 wird beispielsweise von einem
4-fach abgestuften Giebel bekrönt, dessen Enden sich zu
Voluten formen.
An der Obernahmerstraße befindet sich eine 2-geschossige
Halle mit einem geschweiften Jugendstilgiebel. Die Fabrikgebäude des ehem. Krupp/Hoesch Werkes sind mannigfaltig.
Besonders augenfällig ist die Fabrikhalle an der Obernahmerstraße, deren Fassade wie ein kleiner griechischer Tempel
gestaltet wurde. Auf der linken Seite befindet sich anschlie-
ßend das ehem. Verwaltungsgebäude der WURAG, das in den
1920er Jahren von Otto de Berger errichtet wurde. Auch
bei diesem Gebäude dominiert die Giebelgestaltung.
Neben den zahlreichen Produktionsbetrieben der 1829
gegründeten Firma C.D. Wälzholz, wie z.B. das 1906-1910
erbaute Kaltwalzwerk an der Unternahmerstraße, ist die 1882
von Ludwig Wälzholz errichtete Villa an der Mühlenteichstr. 38
zu nennen. Die in den 1960er Jahren beginnende Stahlkrise
führte in den letzten Jahren zur Stillegung zahlreicher
Produktionsbetriebe. Heute erfaßt ein grundlegender
Strukturwandel das Nahmertal.

Objekt Nr.: 38
Wasserturm
HA-Hohenlimburg, An der Kehle/Oberhalb der Boeingstraße

Baujahr: 1885

Der auf einem Hang gelegene Wasserturm wurde in historisierenden Formen aus gelben und roten Ziegeln errichtet.
Über einem quadratischen Sockelgeschoß erhebt sich der
achteckige Turm mit eisernem Gitter als Dachabschluß.
Die Wassertanks liegen im Hang verborgen.
In Hagen und näherem Umkreis ist dieser Turm der einzig
erhaltene seiner Art.

Objekt-Nr.: 39
Ehem. Villa Laufenberg
HA-Mitte, Bergstr. 91

Baujahr: um 1890

Großbürgerliche Villa der Gründerzeit mit ursprüngl.
dazugehöriger, geschlossener Parkanlage.
Die reichhaltige Fassadengestaltung mit Fenstern, Pilastern,
Säulen und Blendquadermauerwerk ist in der Formensprache
und Farbgebung der ital. Neorenaissance gehalten. Die
Eingangstür mit Glasdach und die Treppenhausgestaltung sind
original erhalten.
Die heutigen Planungen sehen eine Umnutzung als
Kindertagesstätte vor.

Objekt. Nr.: 40
Villa Wälzholz (Dr. Bettermann), heute u.a. VHS
HA-Hohenlimburg, Stennertstr. 3

Baujahr   : 1892
Bauunternehmer : Carl Boecker, Hohenlimburg

Die großbürgerliche Industriellenvilla ist in reicher, eklektizistischer Formensprache gestaltet. Der harmonische Wechsel von gelbem Klinkermauerwerk und vielen Details des Neobarocks und der Neorenaissance bestimmen die Fassade. Die Innengestaltung mit Stuck, Holzwerk und Fußböden ist erhalten. Im Garten steht ein polygonaler Holzpavillon. 1990-1992 wurde die Villa umfangreich saniert.
Bemerkenswert ist auch das ehem. Sparkassengebäude Stennertstr. 7/Grünrockstraße; es wurde 1907 von dem Architekten Peter Wiehl (Hagen) errichtet. Zahlreiche Details an der Fassade weisen auf die ursprüngl. Funktion des Gebäudes als Sparkasse hin.

Objekt Nr.: 41
Kath. Kirche St. Marien
HA-Mitte, Hochstraße

Baujahr   : 1892-95
Architekt : Casper Clemens Pickel, Düsseldorf

C. C. Pickel, der zu den Baumeistern der Kölner Dombauhütte gehörte, entwarf die 3-schiffige, neogotische Hallenkirche mit einem achsial angeordneten Glockenturm. Über dem Doppelportal in der Turmfassade zur Hochstraße befindet sich im Tympanon ein Relief mit der Darstellung des jüngsten Gerichtes. Nach den starken Kriegsbeschädigungen begann man 1946 mit dem Wiederaufbau (Architekt: Adam Wiehl, Hagen). Seit 1985 in mehreren Bauabschnitten restauriert, wurde 1992 u.a. der Innenraum nach einem Entwurf von N. Bette aus Essen neu ausgemalt. Im gleichen Jahr wurde der kriegszerstörte Seitenaltar des Paderborner Domes hier wieder aufgebaut. Das Altarbild stammt von den flämischen Brüdern Anton und Ludwig Willemssens. C. C. Pickel entwarf auch die kath. Kirchen in Eilpe und Wehringhausen.

Objekt Nr.: 42
Ehem. Limburger Fabrik- und Hüttenverein, heute Krupp/Hoesch Konzern
ehem. Werkshalle
HA-Hohenlimburg, Langenkampstraße 1

Baujahr: 1898-1900

Die 1803 von Gottfried Wilhelm Böing gegründete Fabrik wurde 1846 mit der Umstellung in ein Puddlingswerk zum Limburger Fabrik- und Hüttenverein. Die ersten Firmengebäude entstanden im Langenkamp. Mit steigender Expansion wurde 1913 der gesamte Produktionsbereich von Oege in das Nahmertal (Objekt Nr.: 37) verlegt. Heute ist an der Langenkampstraße der Verwaltungskomplex (ein Neubau aus den 1970er Jahren) und die ehem. Werkshalle, jetzt Gästehaus der Firma Hoesch, erhalten. Letzteres wurde 1898-1900 für die Inbetriebnahme einer modernen Warmwalzstraße errichtet. Die in historisierender Manier entworfene Fassade weist rundbogige, hohe Fenster im Wechsel mit gestuften Pilastern und ein ausgeprägtes Attikagesims auf. Der hohe Qualitätsanspruch an die Fassadengestaltung ist typisch für eine solche Bauaufgabe in dieser Zeit.

Objekt Nr.: 43
Fa. Witte & Löhmer,
Fördertechnik
HA-Haspe, Steinplatz/Kurze Straße

Baujahr   : 1899-1906
Architekt: W. Fischer & Balser, Hagen

Die Fabrikanlage mit der dazugehörigen Villa wurde in zwei Bauabschnitten erstellt.
Die straßenseitig gelegene Halle wurde 1906 aus Backstein im Wechsel mit kontrastierenden, hellen Putzflächen errichtet. Die gleichmäßige Reihung der hohen Rundbogenfenster im 1. OG unterstreicht die repräsentative Fassadenwirkung.
Das angrenzende Gebäude entstand in abgewandelter Gestaltung mit Zwillingsfenstern und Stufenzinnen.
Dahinter befindet sich die ältere, schlichte Anlage von 1899 mit Sheddächern und die Verwaltungsgebäude aus rotem Ziegel.

Objekt Nr.: 44
Rathaus Hagen
HA-Mitte, Friederich Ebert Platz/Rathausstraße

Baujahr: 1899-1903
Architekt   : Hieronymus Nath
Baujahr Ratstrakt   : 1960-65
Architekt Ratstrakt : Dr. Heinrich Roßkotten,
                      Prof. Edgar Tritthart, Düsseldorf
                      Adam Wiehl, Hagen

Der Vorgängerbau von 1831 wurde 1898 für den zweiten
Hagener Rathausneubau abgerissen. Von dem neugotischen
Rathaus wurde jedoch nur der 1. Bauabschnitt realisiert.
Ursprüngl. sollte eine symmetrische Anlage entstehen. Von
dem im Krieg durch Luftangriffe stark beschädigten Gebäude
stehen heute nur noch der Seitentrakt und der Rathausturm.
Am Turm sind noch viele Zeugnisse hervorragender Bildhauer-
kunst erhalten, z.B. „Der kritische Bürger" oder „Der hochmü-
tige Ratsherr".
Die im Krieg zerstörte Turmspitze wurde in den Jahren
1954/55 neu gestaltet (Architekt: H. Böhme) und erhielt im
Zuge des Wiederaufbaus ein gläsernes Oktogon. Die darüber
angebrachte Kugel bildet das Zentrum des von W. K. B. Holz
erfundenen Planetenmodells. Hierbei handelt es sich um
bronzene Platten, die in die Bürgersteige der Innenstadt
eingelassen sind und ein maßstäbliches Modell unseres
Sonnensystems darstellen.

Der aus drei Baukörpern errichtete Rathausneubau ist
Ausdruck der Gewaltenteilung und besteht aus Ratstrakt,
Zwischenbau und Verwaltungshochhaus.
Der Ratstrakt wird von stählernen Rahmenbindern
getragen, deren Material und Gestaltung die Verbindung
Hagens mit der Stahlindustrie ausdrücken. Das
Verwaltungshochhaus erhält seine Gliederung durch
horizontale Fensterbänder.
Im Ratstrakt ist ein Bronzerelief des Künstlers Prof. R.
Crummenauer (Düsseldorf) in den Boden eingelassen, auf
dem der älteste Stadtplan Hagens von 1724 abgebildet ist.
Im Zwischenbau wurde eine Längswand durch das Mosaikbild
„Die vital gewachsenen Stadt" von Carl Baumann gestaltet.

1

2

3

4

Objekt Nr.: 45

Das Höhenbild von Hagen wird durch drei Türme bestimmt.
Sie liegen am Drei-Türme-Weg, der sich über einen süd-
westlich verlaufenden Höhenzug von Hagen-Mitte nach
Hagen-Haspe erstreckt. Die Türme wurden als Ausdruck der
nationalen Verbundenheit im ganzen Deutschen Reich errichtet
und größtenteils durch Spenden des Bürgertums finanziert.
Die Formgebung drückt die romantisierende Anlehnung an
Burg- und Festungsarchitektur aus. Ein weiterer Turm, der
Freiherr-vom-Stein-Turm, steht oberhalb des Stadtteils Vorhalle
auf dem Kaisberg.

1 Bismarckturm

HA-Mitte, Kanzlerweg
Baujahr   : 1900/01
Architekt: Wilhelm Kreis, Düsseldorf

Benannt nach dem Reichsgründer und ersten deutschen
Kanzler Fürst Otto von Bismarck (1815-1998). Auf der
Bergkuppe erhebt sich über einem breiten, abgestuften

Postament der monumentale Turm mit rustikaler
Bossenquaderung. Über dem weit auskragenden Kranzgesims
liegt die Aussichtsplattform. Die Vorderseite des Turmes
verziert ein Adlerrelief.

2 Kaiser-Friedrich-Turm

HA-Haspe, Kaiser-Friedrich-Pfad
Baujahr: 1910

Der 1891 errichtete, hölzerne Aussichtsturm wurde 1903
durch einen Sturm zerstört.
1910 wurde an dieser Stelle in Erinnerung an Kaiser Friedrich III
der jetzige Turm errichtet. Der auf einem flachen Treppen-
sockel stehende, quadratische Turm verjüngt sich nach oben.
Höhenmäßig versetzte Aussichtsbalkone auf allen vier Seiten
folgen dem Treppenverlauf im Inneren des Turmes. In dem
risalitartig vorspringenden Eingangsbereich befindet sich
ein Profilporträt des Kaisers.

3 Eugen-Richter-Turm

HA-Wehringhausen, Elsa-Brändström-Weg
Baujahr   : 1911
Architekt: Gustav Wenner, Essen

Der Turm wurde zum Gedenken an Eugen Richter
(1838-1906) erbaut. Als Mitglied des Preußischen
Abgeordnetenhauses, des Deutschen Reichstages und des
Norddeutschen Bundestages vertrat Eugen Richter den
Wahlkreis Hagen-Schwelm. Als Anhänger des
„Manchestertums", einer extremen Form des wirtschaftlichen
Liberalismus, war er politischer Gegner Bismarcks. Über dem
Sockelgeschoß erhebt sich der 28 Meter hohe und 12,7 Meter
breite Turm, der von zwei quadratischen Türmen mit
angedeuteten Zinnen flankiert wird. Seit 1956 befindet sich
direkt neben dem Turm die Hagener Volkssternwarte.

4 Freiherr-vom-Stein-Turm

HA-Vorhalle, Freiherr-vom-Stein-Straße
Baujahl   : 1869
Architekt: Friedrich Schmidt, Haspe

Dieser Turm wurde zum 100. Geburtstag des preußischen
Staatsministers, Reformers und Schöpfers der gemeindlichen
Selbstverwaltung errichtet.
Über dem unteren Teil, der durch einen quadratischen
Grundriß mit Galerie und Ecktürmchen geprägt ist, erhebt sich
ein schlanker, achteckiger Aufsatz mit Aussichtsplattform.
Den verwendeten, gelblich-braunen Sandstein und den roten
Backstein für die Detailformen setzte der Architekt als
geschickte, gestalterische Komponenten ein.

Objekt Nr.: 46
Lennewehr
HA-Hohenlimburg, Lenneuferstr. 5

Baujahr: um 1900

Wehranlage aus Bruchsteinmauerwerk mit Stampfbeton in
romantisierender Formensprache, die an mittelalterliche
Stadtbefestigungen erinnert.
Der 1-geschossige Mittelteil wird von zwei zinnenbesetzten
Türmen mit Schlitzfenstern flankiert.
Dieses Wehr ist ein selten gewordenes Beispiel für den
technischen Zweckbau um die Jahrhundertwende.

Objekt Nr.: 47
Fabrik Wippermann, Kettenfabrikation
HA-Delstern, Delsterner Str. 133-137

Baujahr : 1902/03
Architekt : C. Post, Hagen

Weitläufige Fabrikanlage mit dazugehörigen Villen und
Kutscherhaus.
Zahlreiche Um- und Erweiterungsbauten ergänzen heute den
historischen Bestand der 1822 von Wilhelm Wippermann
gegründeten Fabrik.
Das 3-geschossige Verwaltungsgebäude mit flachgeneigtem
Walmdach an der Delsterner Straße zeichnet sich durch seine
repräsentative Gestaltung mit wechselnden Klinker- und
Putzfeldern aus. Die rundbogigen Fenster sind je nach
Geschoß unterschiedlich gestaltet.
In der Gebäudeachse befindet sich die Tordurchfahrt auf das
Fabrikgelände, auf dem u. a. ein Kutscherhaus mit Pferdestall
und zwei Villen stehen. Letztere wurden 1902 ebenfalls von
C. Post entworfen. Haus Nr. 135 ist weitgehend erhalten
geblieben und zeigt auch heute noch die Vielfalt des
Historismus in seiner Blütezeit.
Das Nachbargebäude ist verändert; es war schon zu seiner
Entstehungszeit schlichter gestaltet als die o. g. Villa.
Besonders kunstvoll ist das Jugendstilgitter der Einfriedung an
der Delsterner Straße.

Objekt Nr.: 48
Fabrik Elbersdrucke
HA-Mitte, Dödterstraße

Baujahr : 1905/06

Im Zentrum Hagens gelegenes, großes Firmengelände der für die Stadt wirtschaftlich wichtigen Textilfabrik Elbers. Nachdem Ende des vorherigen Jahrhunderts mehrere Brände einen Großteil der Fabrikgebäude zerstört hatten, wurde 1900 ein umfassendes „Zukunftsprogramm" entwickelt, das neben der Einführung von Elektrizität auch eine hygienischere und feuersicherere Architektur vorsah.
Neben etlichen Gebäuden unterschiedlichster Form und Funktion sind besonders das Verwaltungsgebäude an der Dödterstaße und das Turbinenhaus an der Volme, das das Gelände zum Marktplatz hin begrenzt, zu nennen.
Beide Bauten sind in Anlehnung an die italienische Renaissance gestaltet. Das Bossenquadermauerwerk, der horizontale Dachabschluß sowie die Brüstungs- und Pfeilergestaltung sind dem florentinischen Palastbau entnommen. Im Inneren des Verwaltungshauses entstand nach den Plänen von Henry van de Velde ein Sitzungssaal, der heute verändert ist.

Objekt Nr.: 49
Hagen Hauptbahnhof
HA-Mitte, Berliner Platz

Baujahr   : 1907-10
Architekt : Regierungsbaumeister Walter Morin

Nach zwei Vorgängerbauten (1849 und 1875), damals noch auf dem Gebiet der Gemeinde Wehringhausen, wurde an gleicher Stelle der dritte Hagener Bahnhof errichtet.
Das neobarocke Gebäude wird durch den rechteckigen Uhrenturm mit verkupferter Laterne und Kuppelhelm geprägt. Die zwei Puttengruppen im unteren Bereich des Turmes sind Allegorien des Abschieds und des Wiedersehens. Im Inneren entwarf Jan Thorn Prikker 1911 auf Vermittlung von K. E. Osthaus über dem Eingang ein monumentales Glasfenster. Das Bild mit dem Titel „Huldigung der Gewerbe vor dem Künstler" stellt zwei Gruppen von Gewerbetreibenden dar, die sich einer Mittelfigur zuwenden.
Die Gestaltung der Innenräume des Bahnhofsgebäudes in qualitätvollem Jugendstil wurde im 2. Weltkrieg zerstört. Heute ist bis auf den Brunnen an der Stirnseite und die Halbsäulen an den Längsseiten nichts mehr erhalten.
Die zwei Perronhallen über den Bahnsteigen sind ein gut erhaltenes Beispiel für die seit dem späten 19. Jh. entwickelte Hallenkonstruktion in Stahlbauweise.
Seit Mai 1995 wird der gesamte Bahnhofsbereich umgestaltet (Architekt: Pickenhan und Mesenholl, Hagen/Aachen).

Objekt Nr.: 50
6 Villen
HA-Hohenlimburg, Kaiserstr. 27/29, 33, 54/Gumprechtstr.
3, 5/ Kolpingstr. 7

Baujahr : 1911-1915
Architekt : Otto de Berger, Hohenlimburg

Die fünf Einzelvillen und eine Doppelvilla wurden in
anspruchsvoller und einfallsreicher, neoklassizistischer
Formensprache entworfen. Sie gehören sowohl im Werk des
Architekten als auch in Hohenlimburg zu den qualitätvollsten
ihres Typus und prägen bis heute das Bild der Kaiserstraße.
Zitate der Klassik, wie der gezielte Einsatz verschiedener
Säulenordnungen, Pilaster, Risalite und Dreiecksgiebel, geben
jeder Villa eine individuelle Erscheinung. Die Handschrift des
Architekten ist jedoch durchgängig erkennbar.

Objekt Nr.: 51
Ehem. Reichsbanknebenstelle, heute Gaststätte
HA-Haspe, Haenelstr. 52

Baujahr : 1914-16
Architekt : vermutl. Philipp Nitze

Der verschieferte Fachwerkbau ist mit
ausladendem Kranzgesims und Walmdach in
Anlehnung an bergische Bürgerhausarchitektur
mit typisch schwarz-weißer Farbgebung gestaltet.
Die geschweiften Abschlüsse an den Fenstern im
Erdgeschoß und in den Dachgauben finden sich in der
Eingangstür wieder.
Die aufgelegten weißen, hölzernen Pilaster mit
korinthischen Kapitellen gliedern die dreiteilige Fassade und
verleihen ihr ein prachtvolles Äußeres.

Objekt Nr.: 52
Landgericht, Justizvollzugsanstalt
HA-Mitte, Heinitzstraße/Eduard-Müller-Straße

Baujahr   : Entwurf 1914, Ausführung 1923-1926
Architekt : Regierungsbaumeister Vinck (Entwurf)

Der Ausbruch des 1. Weltkrieges verzögerte den Bau des Landgerichtes mit angrenzendem Gefängnistrakt erheblich, so daß der Gebäudekomplex nach den Entwürfen von 1914 erst 11 Jahre später fertiggestellt werden konnte.
Der 4-geschossige Bau mit zwei Innenhöfen erinnert in seiner geschlossenen Konzeption und Gestaltung an eine renaissancehafte Schloßarchitektur. Der Haupteingang an der Heinitzstraße wird durch einen 3-achsigen Risalit mit Dreiecksgiebel betont.
Die Frauenköpfe über den drei Rundbogenarkaden stellen allegorisch die Schuld (Medusa), die Gerechtigkeit (Justitia) und die Unschuld (Innocentia) dar.
Das Innere des Gebäudes entspricht größtenteils nicht mehr dem Original.
1982 wurde der Bau durch einen 8-geschossigen Behördentrakt erweitert (Architekt: Wolfgang Rauh).

Heute ist die städtebauliche Situation an dieser Stelle stark verändert.

III. Vom Jugendstil zum Hagener Impuls

1896 erschien in München die Zeitschrift „Jugend" und gab damit einer neuen Kunstbewegung, dem „Jugendstil", seinen Namen. Die Vertreter des Jugendstils verstanden sich als Gegenpol zu der ihrer Meinung nach im simplen Nachahmen erstarrten Form des pluralistischen Historismus. Der neue Stil erfaßte hauptsächlich das Kunstgewerbe. Die Baukunst wurde weniger im Konstruktiven als vielmehr im Dekorativen revolutioniert.

Anregungen für den deutschen Jugendstil lieferte die Erneuerung des englischen Kunstgewerbes, dessen bedeutendster Vertreter, William Morris (1834-96), eine allumfassende Lebensreform, die „Humanisierung der bürgerlichen Welt durch die Kunst", postulierte und die japanische Kunst, deren Erzeugnisse seit Mitte der 1880er Jahre verstärkt nach Europa importiert wurden. Der wichtigste Protagonist des europäischen Jugendstils war der Belgier Henry van de Velde (1863-1957).

Merkmale reiner Jugendstilfassaden sind die wellig fließenden Linien und Formen nach organischem oder geometrischem Vorbild. Beliebte Motive waren Pflanzen, wehendes Haar, die Flamme oder der Schwan.

In Hagen ist die Wohnhauszeile im Drostenhof (Objekt Nr.: 53) eines der schönsten Beispiele für die Vielfalt der Jugendstilornamentik. Der Jugendstil ist im Vergleich zu anderen Stilepochen von relativ kurzer Dauer gewesen, etwa 1895 bis 1905; er war jedoch für die moderne Kunst von grundlegender Bedeutung.

Die Stadt Hagen verdankt es dem Kunsthistoriker und Mäzen Karl Ernst Osthaus (1874-1921), daß hier bis heute erhaltene, überaus qualitätvolle Bauwerke enstanden, die in der Kunst- und Architekturgeschichte unter dem Namen „Hagener Impuls" ihren festen Platz haben. Auch Osthaus plante durch Kunst, das Leben der Menschen positiv zu gestalten.

Er gehörte 1907 zu den Mitbegründern des deutschen Werkbundes, einem Zusammenschluß von Künstlern, Kunsthandwerkern und Industriellen mit dem Ziel der Veredelung und gleichzeitig zweckhaften Gestaltung von Gebrauchsgegenständen bis hin zur Architektur. So wollte er auch die „gesichtslose" Industriestadt Hagen mit der

Vereinigung von industrieller und künstlerischer Produktion aus ihrer provinziellen Stellung emporheben. Mit seinem beträchtlichen, finanziellen Erbe im Rücken konnte er viele der modernen, jungen Künstler und Architekten seiner Zeit dazu bewegen, in Hagen ihre visionären Ideen zu realisieren.

Henry van de Velde erbaute 1906 das Wohnhaus des Kunstmäzens, den Hohenhof (Objekt Nr.: 57). Der Gebäudekomplex ist ein bis ins Detail gestaltetes Gesamtkunstwerk und stellte planerisch den Mittelpunkt der Kolonie Hohenhagen dar, die nur in Teilen realisiert werden konnte. J. L. M. Lauweriks (Objekt Nr.: 61), Peter Behrens (Objekt Nr.: 58, 59 und 62), Jan Thorn Prikker und Milly Steger wirkten in Hagen.

Bedeutende Vertreter des modernen Bauens wie Le Corbusier, Walter Gropius und Bruno Taut holten sich hier zahlreiche Anregungen oder nahmen an Entwurfswettbewerben teil. Gropius war später auch der Begründer des Bauhauses in Weimar.

Richard Riemerschmid plante im Auftrag der Firma Gebr. Elbers eine Siedlung im Wasserlosen Tal (Objekt Nr.: 65), von der leider nur 11 Gebäude realisiert wurden. Georg Metzendorf war seit 1914 künstlerischer Beirat und ebenfalls als Architekt (Objekt Nr.: 72) für diese Textilfabrik tätig.

Der engagierte Stadtbaurat Ewald Figge legte dem Stadtrat bereits 1911 in Anlehnung an englische Gartenstadt-bewegungen Planungen für eine große Gartenstadt („Gartenvorstadt Emst") auf den bis dahin noch nicht erschlossenen Hagener Höhen vor. Karl Ernst Osthaus war der stärkste Finanzgeber für diese Planungen, da er glaubte, hier sein ethisch-soziales Anliegen der qualitätvollen und künstlerischen Gesamtplanung einer Industriestadt realisieren zu können. Fehlender politischer Wille seitens der Stadt und der Bauvereine, die den weiteren, großen finanziellen Anteil stellen sollten, der Ausbruch des ersten Weltkrieges und der frühe Tod Osthaus ließen die großartigen Pläne jedoch scheitern.

Die realisierten Gebäude des „Hagener Impulses" waren weit über Hagens Grenzen hinaus Grundlage für viele weitere Bauten des modernen Bauens.

Objekt Nr.: 53
Jugendstilwohnhäuser
HA-Oege, Drostenhof 3, 5, 7, 9, 28

Baujahr : 1903
Architekt : Albert Loose, Hohenlimburg

Die fünf 3-geschossigen Mietshäuser stellen mit ihrer
durchgehenden Gestaltung, einer ausgewogenen Mischung
von Jugendstilelementen und ihren historisierenden Formen
eine im ganzen erhaltene, qualitätvolle Wohnhauszeile der
Jahrhundertwende dar. Besonders hervorzuheben ist die
Fassade des Hauses Drostenhof 3. Sie gilt als eine der
schönsten Jugendstilfassaden im westfälischen Raum.
Der scheinbar schwebende Erker wird vom Motiv eines
rankenden Zwiebelgewächses gerahmt, das sich über die
Geschosse schlingt und im Giebel in einer Blüte endet.
Die geschwungenen Fensterrahmungen und -kreuze und das
Gesims fügen sich in die Fassade ein und unterstreichen damit
die vollkommene Reinheit des Jugendstilgebäudes.

Die gegenüberliegende Pestalozzi-Schule (Oeger Str. 64)
ergänzt das Ensemble.

Objekt Nr.: 54
**Ehem. Schloßbrauerei und Wohnhaus, heute u.a. Werkhof
Hohenlimburg**
HA-Hohenlimburg, Herrenstr. 15/17/Ecke Kaiserstr.

Baujahr Wohnhaus   : 1904
Baujahr Schloßbrauerei : 1907/08
Architekt Schloßbrauerei : Albert Loose, Hohenlimburg

Der Gebäudekomplex um die ehem. Schloßbrauerei von Carl
Lücke besteht aus Gaststätte, Saalbau und Mietshaus.
Über der Toreinfahrt am rechten Erker des Wohnhauses
Herrenstr. 15 befinden sich florale Jugendstilverzierungen, die
sich in der Toreinfahrt und im Inneren des Gebäudes
fortsetzen.
Bei dem Gebäude Herrenstr. 17/Kaiserstraße wird die eher
strenge Fassade durch Erker, Balkone und Stuckornamente
sowie durch die unterschiedlichen, original erhaltenen Fenster
aufgelockert.
Im Giebel ist die Figur des Gambrinus, des Erfinder des Bieres,
zu erkennen. Innen wie außen ist der gesamte
Gebäudekomplex ein gutes Beispiel für die unterschiedlichen
Interpretationen des floralen Jugendstils.
Die Gebäude wurden Ende der 80er Jahre restauriert und
werden seitdem u.a. als Kulturzentrum und Ausbildungsstätte
genutzt.

Objekt Nr.: 55
Jugendstilpavillon - früher Tabakwaren, heute Imbißstube
HA-Hohenlimburg, Herrenstraße 18

Baujahr   : 1906
Architekt : M. Fahning, vermutl. Hohenlimburg

Fachwerkpavillon in Jugendstilformen mit geschwungenem Dachgesims in Anlehnung an die Weltausstellungsarchitektur in Paris im Jahre 1900.
Mit seinen Schlüssellochfenstern, den originalen Fensterrahmungen sowie den seitlichen Farbverglasungen mit Ranken- und Blumenmustern ist er ein selten gewordenes Jugendstilkleinod.

Objekt Nr.: 56
Ehem. Museum Folkwang, heute Karl Ernst Osthaus-Museum
HA-Mitte, Hochstr. 73/Mariengasse

Baujahr   : 1899-1902
Architekt   : Carl Gerard, Berlin
Innnenausbau : Henry van de Velde, Brüssel
Baujahr   : 1972-74
Architekt   : Claas/Flinkerbusch/Krug/van
                 der Minde/Romberg, Hagen

Gegründet und finanziert von dem Hagener Mäzen K. E. Osthaus. Als Museum Folkwang eröffnet, umfaßte es dessen bedeutende Privatsammlung moderner Gemälde und Skulpturen. Nach dem Tode Osthaus im Jahre 1922 wurde ein Teil der Sammlung nach Essen verkauft. Der Architekt Gerard entwarf den Baukörper im Stil der Neorenaissance, bis Osthaus 1902 Henry van de Velde kennenlernte und ihm die Gestaltung des Inneren übertrug. Die Eingangshalle und das Treppenhaus zeigen noch sehr deutlich dessen Stilprinzipien. Im 2. Weltkrieg wurde der Museumsbau stark zerstört, u.a. auch der 1904/05 von Peter Behrens gestaltete Vortragssaal. Das zerstörte Dach wurde in Symbiose zu dem erhaltenen Baukörper in vereinfachten Formen aus Beton wiederhergestellt. Der notdürftig instand gesetzte Altbau wurde 1972-74 durch einen kontrastreichen Baukörper aus Sichtbeton erweitert, der deutlich die Museumskonzeption der 70er Jahre wiedergibt. Das Äußere des Neubaues wird durch die betont plastische und unregelmäßige Form geprägt; das Innere durch die zentrale, 9 Meter hohe Ausstellungshalle.
Zahlreiche, von van de Velde entworfene und im Krieg zerstörte Arbeiten, wie z.B. die Türen oder die Farbgebung, wurden 1992 aus Anlaß einer van de Velde Ausstellung nachempfunden.

Objekt Nr.: 57
Hohenhof
HA-Eppenhausen, Stirnband 10

Baujahr : 1906-1908
Architekt : Henry van de Velde, Brüssel

Als Wohnsitz für den Kunstmäzen K. E. Osthaus erbaut. Es handelt sich um eines der ersten, von van de Velde durchgestalteten Gesamtkunstwerke, das weitgehend original erhalten ist.
Das Gebäude liegt hoch über dem Tal und ist bauliches Zentrum der Kolonie Hohenhagen.
Die 2-geschossige, breitgelagerte Anlage mit interessanten Ecklösungen unter dem Mansarddach wird durch mehrere Nebengebäude ergänzt. Hauptbaumaterialien sind in Anlehnung an den für die Region typischen bergisch-märkischen Stil blau-grauer Kalkstein, Basaltlava und Moselschiefer. Die Fenstervergitterungen bilden die Initialen des Bauherrn.
Zu van de Veldes Konzept, „die Idee vom Gesamtkunstwerk", gehören auch die innen wie außen für das Gebäude geschaffenen Kunstwerke: z.B. die Reliefs am Haupteingang von Hermann Haller; im Gebäudeinneren die Bilder „Der Auserwählte" von Hodler, „Herbst in Paris" von Vuillard (im Salon, heute als Fotoreproduktion vorhanden). Von dem Künstler Jan Thorn Prikker wurde das Arbeitszimmer von K. E. Osthaus in Schablonenmaltechnik ausgemalt; das farbige Treppenhausfenster stammt ebenfalls von ihm. Im Wintergarten befindet sich ein Fliesentriptychon von Henry Matisse. An der Südwestseite schließt eine axialsymmetrische Gartenanlage an, in der sich ursprüngl. eine Plastik von Aristide Maillol befand. Das Grabmal von K. E. Osthaus wurde aus Meran hierher überführt (Entwurf: Auerbach).

1982-85 wurden die heute musealen Räume zum Teil restauriert, und 1986 begannen die umfangreichen, äußeren Restaurierungsarbeiten.

Objekt Nr.: 58
Krematorium
HA-Delstern, Am Berghang/Im Langenstück

Baujahr   : 1907/08
Architekt: Prof. Peter Behrens, Berlin

Auch dieses Gebäude, am Berghang in einer Friedhofsanlage
gelegen, geht auf die Initiative von K. E. Osthaus zurück. Es gilt
als die erste Anlage für Feuerbestattung auf preußischem
Staatsgebiet. Aufgrund der damaligen Gesetzgebung konnte
sie erst 1911 in Betrieb genommen werden.
Gestalterisch orientierte sich Behrens an der klassischen
Mamorfassade von San Miniato al Monte (Basilika aus dem 12.
Jh. in Florenz).
Die schwere Marmorverkleidung der Außenflächen mußte aus
konstruktiven Gründen schon 1912 abgenommen werden.
Danach wurden die betroffenen Flächen noch nach den
ursprüngl. Plänen des Architekten Behrens mit Putz versehen.
Entgegen dem damals üblichen Sakralbau ist dieser in
strenger, geometrischer Formensprache gehalten. Im Giebel
ein Okuli, das im Mittelalter das Auge Gottes symbolisierte. Die
Gestaltung des Äußeren wiederholt sich in Varianten im
Inneren in schwarz-weißer Sgraffitotechnik.
Die Anlage ist innen wie außen weitgehend restauriert worden.

Über dem Katafalk gestaltete E. R. Weiß ein Goldmosaik
(„Alles Vergängliche ist nur ein Gleichnis", Faust II. Teil).

Auf dem Friedhof befindet sich am Grab von Christian Rohlfs
ein Grabstein von Ewald Mataré und eine Bronzeplastik von
Ernst Barlach.

Objekt Nr.: 59
Villa Cuno
HA-Eppenhausen, Haßleyer Str. 35

Baujahr : 1909/10
Architekt: Prof. Peter Behrens, Berlin

Die Villa, erbaut für den damaligen Hagener Oberbürger-meister Willy Cuno, ist das zweite von vier Gebäuden, das Behrens auf Anregung von K. E. Osthaus in Hagen gebaut hat. Es ist richtungsweisend für die Architektur des 20. Jahr-hunderts. Walter Gropius war u.a. während der Bauzeit Assistent von Behrens. Die Villa ist klar und streng gegliedert. Der mit fünf vertikalen Fensterbändern verglaste Treppenhausturm beherrscht die Front des Gebäudes. Im Gegensatz dazu steht die flächige Struktur der übrigen Fassade, die lediglich durch eine strenge Fensterreihe aufgebrochen wird.
Seit 1994 wird das Gebäude für eine Nutzung als Kindertagesstätte umgebaut.
In direkter Nachbarschaft stand das 1908/09 von Behrens erbaute Haus Schroeder, es wurde jedoch im 2. Weltkrieg vollständig zerstört. Die Außenfassade war wie die Villa Cuno von klassizistischer Strenge geprägt.

Objekt Nr.: 60
Ehem. Villa Springmann
HA-Wehringhausen, Christian-Rohlfs-Str. 49

Baujahr : 1909-1911
Architekt: Henry van de Velde, Brüssel

Ursprüngl. war die Villa im Bereich Hohenhagen neben dem Wohnhaus von Osthaus vorgesehen. Der Bauherr Rudolf Springmann entschied sich jedoch für den jetzigen Standort. Der in Form eines Kreuzes angelegte Grundriß setzte sich konsequent bis in die Wegeführung des Gartens fort. Leider wurden im Laufe der Jahre zahlreiche Gestaltungselemente wie Zierverschieferungen, Glasornamente etc. verändert. Der halbrunde Erker an der Straße war ehem. ein über zwei Geschosse reichender Wintergarten.

Oberhalb des Stadtgartens plante van de Velde 1914 für Theodor Springmann eine großzügige Villa mit Park, Allee und Pförtnerhäuschen. Das Projekt konnte durch den Ausbruch des 1. Weltkrieges nicht fertiggestellt werden. Heute ist nur das Pförtnerhäuschen aus Naturstein erhalten, dem nach dem 2. Weltkrieg das Pendant nach vorhandenen Plänen gegenübergestellt wurde.

Objekt Nr.: 61
Lauwerikszeile
HA-Eppenhausen, Am Stirnband 38-54

Baujahr : 1909-1914
Architekt : J. L. M. Lauweriks, Hagen

Im Zuge der Bebauung Hohenhagens beauftragte K. E. Osthaus Lauweriks mit dem Entwurf und der Ausführung der Künstlerkolonie „Am Stirnband". Für Lauweriks war es der erste Auftrag als Architekt; 1909 war er als Leiter des Seminars für Handfertigkeitsunterricht nach Hagen berufen worden.
Er entwarf die Gebäude einheitlich und doch individuell nach strengen Gesetzmäßigkeiten, die er der Natur entnahm: Schwerkraft, Arithmetik, Harmonie etc. Das rechtwinklig gebrochene Mäanderband durchzieht als immer wieder abgewandeltes Motiv die gesamte Gestaltung der Gebäude bis hin zur Möbelausführung und Anordnunug der Wegeführungen in den Gärten. Le Corbusier fand hier bei seinem Besuch in Hagen angeblich Anregungen für sein „Modulor".
Das Haus Nr. 50 wurde im 2. Weltkrieg stark beschädigt, der Wiederaufbau erfolgte nicht nach Originalplänen.
In dem nach ihr benannten „Milly-Steger-Haus" (Nr. 48) lebte und arbeitete die Künstlerin mehrere Jahre. Außen trägt eine von ihr gestaltete Sandsteinkaryatide einen kleinen Eckbalkon.
Über der Eingangstür des „Thorn-Prikker-Hauses" (Nr. 38) sind die Initialen J. T. P. zusammengefügt. Thorn-Prikker, der hier längere Zeit lebte, entwarf die Innenräume selbst.
In Haus Nr. 42 wurden 1979 und in Nr. 46 1996 originale Wandbemalungen von Thorn-Prikker entdeckt.
Der Lageplan der Siedlung stimmt in Details nicht mit der gebauten Wirklichkeit überein, u. a. sind Grundrisse und Firstlinien verändert.

Objekt Nr.: 62
Ehem. Haus Goedecke
HA-Eppenhausen, Amselgasse/
Unter den Kastanien

Baujahr : 1910/11
Architekt : Prof. Peter Behrens, Berlin

Dieses Gebäude bildete den Eckpunkt des Bebauungsplanes der Gartenvorstadt Hohenhagen.
Aus Kostengründen wünschte Osthaus einen schlichteren Entwurf als bei den bisherigen Bauten, die von Behrens in Hagen verwirklicht wurden. Der Grundriß des Gebäudes wird durch die Lage an zwei Straßen bestimmt, so daß ein rechtwinkliger Flügelbau entstand. Der Wohnteil ist im Gegensatz zu dem Büroteil 2-geschossig. Im Inneren des Gebäudes ist die Originalkonzeption des Grundrisses erhalten.

Objekt Nr.: 63
Stadttheater Hagen
HA-Mitte, Elberfelder Str. 61

Baujahr : 1910/11
Architekt: Prof. Dr. Vetterlein, Darmstadt

Obwohl Prof. Dülfer aus Dresden den Wettbewerb gewann, wurde der Preisträger des kostengünstigeren 2. Preises mit der Ausführung beauftragt.
Er gestaltete den Bau in klaren, neoklassizistischen Zügen. Die weiblichen Plastiken über dem Eingangsportal entwarf die Bildhauerin Milly Steger. In dem abschließenden Dreiecksgiebel weist ein Relief mit Theatermasken auf die Nutzung des Gebäudes hin.
Im 2. Weltkrieg wurde das Theater stark beschädigt und konnte erst 1949 wieder eröffnet werden. Der Hagener Bildhauer Karel Niestrath restaurierte die Steger-Plastiken.
In den 60er Jahren wurden der Eingangsbereich und Teile des Inneren nachhaltig verändert.

Objekt Nr.: 64
3 Villen
HA-Eppenhausen, Eppenhauser Str. 151, 153, 155

Baujahr : 1910/11
Architekt: Gebrüder Ludwigs, Hagen

In unmittelbarer Nähe und zeitgleich mit den Bauprojekten von K. E. Osthaus errichtete der Behrens Schüler Leopold Ludwigs zusammen mit seinem Bruder diese drei Villen. Villa Nr. 151 ist in Anlehnung an die frühen, klassizistischen Architekturgestaltungen der Behrens Häuser erbaut. Die symmetrische Fassade wird durch einen halbkreisförmigen Vorbau betont, der im Dachbereich als halbrunder Turm ausläuft. Die nebenstehende Villa mit Mansarddach wird durch einen halbrunden Erker sowie durch drei vertikale Fensterbänder betont.
Plastische, runde Ornamente in typischer Ludwigs Manier sind sparsam über die Vorder-fassade verteilt. Die Giebelform der Villa Nr. 155 erinnert an den Giebel des Thorn-Prikker-Hauses von Lauweriks (Objekt Nr.: 61). Den Balkon verziert ein umlaufendes Metallgitter im Ludwigs-Design. Mittig über der Balkonnische befand sich ursprüngl. ein Pfauenrelief, von dem heute nur noch das aufgestellte Gefieder erhalten ist.
Weitere Ludwigs Häuser in diesem Bereich:
Eppenhauser Str.136/Ecke Haßleyer Straße (Baujahr: 1927), Haßleyer Str. 10, 14 (Baujahr: 1909/11).

Objekt Nr.: 65
Arbeitersiedlung
HA-Emst, Walddorfstr. 1-21

Baujahr : 1910/12
Architekt: Richard Riemerschmid, München

Der Architekt entwarf 1906 die erste deutsche Gartenstadt in
Dresden Hellerau.
Die auf Betreiben K. E. Osthaus erbaute Siedlung für die
Arbeiter der Textilfabrik Elbers in Hagen nimmt zahlreiche
Merkmale von Hellerau auf. Der ursprüngl. Bebauungsplan
umfaßte neben den 87 Reihenhäusern mit dazugehörigen
Gärten einen Gebäudekomplex mit Gemeinschaftsein-
richtungen, einem Kindergarten und einer Betreuerwohnung.
Durch den 1. Weltkrieg und den damit verbundenen,
wirtschaftlichen Veränderungen wurde nur die erste Reihe mit
11 Häusern realisiert. Die aus grobem Bruchstein mit
Mansarddächern errichteten Gebäude wurden dem ansteigen-
den Gelände angepaßt. Die steigenden Firstlinien sowie der
Wechsel von giebel- und traufseitigen Häusern sind nur einige
Beispiele für die einfühlsame Planung.

Objekt Nr.: 66
Landhaussiedlung
HA-Dahl, Zum Bollwerk 20, 21, 24
Am Horseney 3, 7, 11

Baujahr : 1911-1926
Architekt: August Keydel/Friedrich Keßler, Hagen;
　　　　　　Georg Quehl, Berlin;
　　　　　　Heinrich Köhling, Halver;
　　　　　　Prof. August Biebricher, Krefeld

In landschaftlich schöner Lage, an einem Hang gelegene
Landhausgruppe, die aus mehreren, individuell gestalteten
Einzelhäusern besteht.
Das gesamte Ensemble ist in der Nachfolge der Landhäuser
von Hermann Muthesius, der die aus England kommende
Gartenstadtbewegung in Deutschland propagierte, erbaut. An
einigen Häusern erkennt man auch den Einfluß des „Hagener
Impulses", so sind z.B. die Häuser Nr. 21 und Nr. 11 in Anklang
an die von Riemerschmid entworfene Walddorfsiedlung
(Objekt Nr.: 65) erbaut. Teilweise wurde von den Architekten
auch die Inneneinrichtung entworfen.
Der Charakter der Siedlung wurde durch An- bzw. Umbauten
und durch unpassende Neubauten empfindlich gestört.

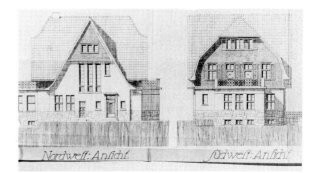

Nordweſt-Anſicht　　　　　ſüdweſt-Anſicht

OST-ANSICHT　　　　　SÜD-ANSICHT

Objekt Nr.: 67
Spedition Schenker Eurocargo AG
HA-Kückelhausen, Berliner Str. 14

Baujahr : 1911/12
Architekt: Gebrüder Ludwigs, Hagen

Die Architekten entwarfen dieses Gebäude in bemerkenswert früher expressionistischer Architekturauffassung.
An diesem Gebäude finden sich Stilmerkmale von Peter Behrens, dessen Schüler Leopold Ludwigs war, sowie auch das Ludwigs-Design. Der abgerundete Eckbereich, die rechteckigen Relieffelder und das breite, durchlaufende Dachgesims sind typische Gestaltungsmerkmale der Architekten. Der Lüftungsreiter auf dem Satteldach mit den abgerundeten Gauben wird durch eine Kugel bekrönt, die die Verbindung der Firma mit der ganzen Welt symbolisiert. An der Außenfassade werden zwei ägyptisierende Backsteinreliefs mit knienden Männern dargestellt, die in ihren Händen das Rad und den Flügelstab des Merkur halten und so im Zusammenhang mit der Zweckbestimmung des Gebäudes die Personifikation von Handel und Gewerbe darstellen.
Die ursprüngl. Rückfassade (s. Abb.) ist im Anklang an den Treppenhauszylinder der Villa Cuno gestaltet (Objekt Nr.: 59), ist jedoch heute stark verändert. Das Innere wird durch eine qualitätvolle Detailgestaltung bestimmt, z.B die Umrahmung der Türen oder die Mosaikarbeiten im Eingang.

Objekt Nr.: 68
Varta-Betriebe, „Die Akku", Verwaltungs- und Fabrikgebäude
HA-Wehringhausen, Dieckstr. 42

Baujahr : 1913
Architekt: A. Winckler, Berlin

Die günstigen Verkehrswege über Fluß, Straße und Bahn und die Nähe zum Ruhrgebiet waren 1887 Voraussetzungen für die Gründung eines Betriebes mit mittlerweile etlichen Tochtergesellschaften. Nachdem die ersten Produktionen zunächst in einem ehem. Hammerwerk stattfanden, bedingte die steigende Produktionskapazität bis in die 90er Jahre dieses Jahrhunderts mehrere Um- und Erweiterungsbauten auf dem großen Firmengelände an der Ruhr. So entstand u. a. das symmetrisch angeordnete, 4-geschossige Verwaltungsgebäude mit Mansarddach an der Dieckstraße. Ursprüngl. waren die ersten drei Geschosse komplett in rot-braunem Ziegel gestaltet. Ebenso der Eingangsbereich in der Gebäudemitte, der durch ein Vordach auf Säulen betont wird. Die Produktionsbauten, die sich an der Dieckstraße im rechten Winkel anschließen, sind ähnlich gestaltet. An der Wehringhauser Straße/Weidestraße erweiterte die Firma 1988 ihre Fabrikationsgebäude durch einen modernen, gestaffelt angelegten Baukörper mit blauer Stahlblechfassade (Architekt: Dr.-Ing. Lothar Kammel, Hagen). Die langgezogene Fassade an der Weidestraße zitiert die traditionelle Sheddachkonstruktion.

Objekt Nr.: 69
Hallenschule Altenhagen
HA-Altenhagen, Friedensstr. 26

Baujahr : 1911, 1914 erweitert
Architekt : Ewald Figge, Stadtbaurat Hagen

Der Hauptbaukörper entstand in Anlehnung an den „Hagener Impuls" in Verknüpfung mit der strengen Formensprache des modernen Bauens.
Drei breite Fensterachsen mit Lisenen und Brüstungsfeldern im Wechsel mit vertikalen Klinkerbändern gliedern die Fassade.
Über den Achsen befinden sich stilisierte Tier- und Pflanzenreliefs.
Im Inneren beeindruckt die geschoßübergreifende, zentrale Halle mit Glasdach und Galerien, von denen die umliegenden Klassenzimmer erreichbar sind. Der Erweiterungsbau nimmt den Rhythmus der Fassade, aber auch die Gestaltungselemente der Hallenschule in Oberhagen (Objekt Nr.: 70) auf. Die Fenster sind heute leider verändert. Zwei Klassenräume sind wieder in originaler Farbgebung.
In der Halle befindet sich eine Kanzel aus Naturstein und am oberen Eingang zwei Vollplastiken von der Bildhauerin Milly Steger.

Objekt Nr.: 70
Hallenschule Oberhagen
HA-Eilpe, Franzstr. 79

Baujahr : 1912
Architekt : Ewald Figge, Stadtbaurat Hagen

Der Architekt gestaltete den 4-geschossigen Bau mit Lichthof ähnlich monumental wie die Schule in Altenhagen. Die Fassade ist jedoch weniger streng gehalten. Sie erhält ihre Dreiteilung durch Fensterbereiche, die jeweils von halbrunden Dachgauben überfangen werden. Die Fensterbrüstungen sind mit stilisierten Voluten gefüllt. Der Eingang wird von zwei Stelen mit Vasen flankiert.

Der Einfluß des „Hagener Impulses" findet hier eine deutlichere Ausprägung als bei der Hallenschule in Altenhagen (Objekt Nr.: 69).

IV. Die 20er und 30er Jahre

Die einsetzende Industrialisierung beeinflußte im vergangenen Jahrhundert nicht nur Gesellschaft, Politik und Wirtschaft, sondern prägte auch die Kunst und Architektur der folgenden Epochen. Eine der größten Folgen der Industrialisierung war der Mangel an Wohnraum und das damit verbundene Wohnungselend. Durch die neu entstandene gesellschaftliche Klasse der Industriearbeiter, die in den Städten nahe ihrer Arbeit Unterkünfte suchten, waren die Kapazitäten des Immobilienmarktes bald erschöpft. Jedoch erst Not und Elend des verlorenen 1. Weltkrieges und die Revolution von 1918/19 veranlaßten die neue Regierung der Weimarer Republik, nach staatlich geregelten Lösungen zu suchen. So begann nach der Währungsstabilisierung 1923/24 der soziale Wohnungsbau. Zahlreiche Hausbesitzer waren durch die Einführung der Hauszinssteuer schuldenfrei geworden und nun in der Lage, den sozialen Ausgleich zu zahlen, um staatliche Wohnungsbauprojekte zu finanzieren. Zudem gründeten sich zahlreiche Baugenossenschaften. In Hagen zeugen hiervon bis heute die Siedlungen der Bauvereine sowie die Konsumbauten der Gebr. Ludwigs (Objekt Nr.: 83). Die Anfänge der Weimarer Republik konnten nun viele, visionäre Architekten nutzen, um ihre innovativen Ideen zu verwirklichen. Werte, die die wilhelminische Ära repräsentierten, galten als veraltet. Man suchte nach neuen Formen und Normen. Bereits 1918 schlossen sich in Berlin Architekten, Bildhauer, Maler und Literaten im „Arbeitsrat für Kunst" zusammen. Von ihnen ist besonders der Architekt Bruno Taut (1880-1938) zu nennen, der bereits zu Karl Ernst Osthaus Zeiten mit seinen utopischen Planungen für die Folkwangschule am Stirnband für Aufsehen sorgte. Er kündigte mit seinen Stadtmodellen und Siedlungsplänen eine neue Ära der Kunst an, in der vor allem die Architektur als Ausdruck der neuen Gesellschaftsordnung verstanden wurde. Walter Gropius gründete in Weimar das Bauhaus, in dem junge Architekten die Möglichkeit fanden, sich an Lehrmeistern zu orientieren, die ihnen in dieser ungewissen Zeit, in der das Alte nichts galt und das Neue noch nicht definiert war, eine Richtung wiesen. Gropius erklärte das Gesamtkunstwerk, das Kunst und Architektur vereinte, zu seinem Ziel. Der neue Architekturstil, der sich nun abzeichnete, erhielt die Bezeichnung „Neues Bauen", ein Begriff, den Hugo Häring (1882-1958) prägte. Unter dieser Bezeichnung faßt man in der Hauptsache zwei Strömungen zusammen. Den Expressionismus, in dessen Vordergrund die ausdrucksstarke Bildhaftigkeit, die Dynamik stand. Das Gebäude wurde als skulpturale Einheit verstanden. Die andere Strömung ist der Funktionalismus, der sich bewußt von der Fassadenarchitektur vorheriger Baustile abwandte. „Die Entrümpelung der Fassade vom historischen Stildiktat" war das Leitmotiv. Eine andere Form des Neuen Bauens ist der Internationale Stil; hierbei wird die ansonsten flächige, meist weiß verputzte Fassade lediglich durch Fensterbänder gegliedert. Viele Bauten entstanden mit einer Vorhangfassade, der „Curtain Wall". Meist verwendete man Glas als Material, um die Wände optisch aufzulösen und den Blick auf das eigentliche, das Innere des Hauses, freizugeben. Der Konstruktivismus setzt die Konstruktionselemente eines Baukörpers gezielt als gestalterische Prinzipien ein. Das „Organhafte Bauen", deren Hauptvertreter, Hugo Häring und Hans Scharoun, die Architektur auf ihre Grundformen reduzierte und die Gestaltung, ähnlich wie in der Natur, der Funktion folgen ließ. In Reinform findet man diese Formen jedoch selten. Viele Konzeptionen beinhalten sowohl expressionistische als auch funktionalistische Elemente, so etwa die Cuno-Siedlung (Objekt Nr.: 84). Neben den modernen Strömungen existierte noch ein weiterer Architekturstil, der konservative Traditionalismus. Die Anhänger dieser Richtung bevorzugten in Anlehnung an vorherige Baustile klassische und biedermeierliche Formen (Objekt Nr.: 77). Eine weitere Differenzierung ist hier der Heimatschutzstil, deren Vertreter sich als Fortführer heimatlicher Bautraditionen verstanden und Materialien bevorzugten, die aus der jeweiligen Region stammten. Im Gegensatz zu den Anhängern des modernen Bauens wollten diese Architekten mit ihrer Arbeit nicht zu einer Veränderung der Gesellschaft beitragen. Sie verstanden ihre Gebäude nicht als ideologisches Mittel zur Überwindung wilhelminischer Denk- und Sozialstrukturen, sondern wollten Wohnungen schaffen, die das Gefühl von Heimat und Geborgenheit vermittelten. Mit der Entstehung der Weimarer Republik und der Konstituierung einer neuen Verfassung war die wilhelminische Ära zwar formal beendet, jedoch oftmals nicht in den Köpfen der Bevölkerung und den oberen Kreisen von Wirtschaft und Regierung. Vor allem das Bürgertum sah in der Aufwertung der Arbeiterklasse ihre gesellschaftliche Stellung bedroht. So erhielten die traditionell orientierten Architekten immer noch die meisten Bauaufträge. Auch konnte die größtenteils ungebildete Arbeiterschaft den ideologischen Vorstellungen der modernen Architekten kaum folgen, so daß die neue Architekur wenig Akzeptanz in der Bevölkerung fand. Die Machtergreifung durch die Nationalsozialisten 1933 besiegelte dann endgültig das Ende des Neuen Bauens. Unter Hitler wurde für die öffentlichen Staats- und Parteibauten der klassisch-monumentale Baustil propagiert und für den Wohnungs- und Siedlungsbau die konservative Architektur. Hitler bekämpfte das Neue Bauen schon sehr früh, da er in den „kleinbürgerlichen Schichten", die dem traditionalistischen Bauen anhingen, ein Massenpotential und im „ästhetischen Kampf" ein Instrument zur Massenmanipulation auch auf politischer Ebene erkannte. In Hagen ist die Architekturgeschichte zwischen 1933 und 1945 wenig erforscht. Es fanden jedoch kaum öffentliche Bauvorhaben statt, vielmehr entstanden in dieser Zeit Wohnsiedlungen und Eigenheime, die einen gemäßigten Heimatschutzstil repräsentierten. In der Schillerstraße in Eckesey (Objekt Nr.: 97) sind innerhalb von etwa zehn Jahren drei Wohnsiedlungen in direkter Nachbarschaft entstanden, die sowohl den expressionistischen Wohnungsbau als auch den funktionalistischen und den traditionellen Baustil von 1938 anschaulich dokumentieren.

Objekt Nr.: 71
Wohnsiedlung
HA-Ischeland, Berghofstr. 33-39

Baujahr : 1919/20
Architekt: Gebrüder Ludwigs, Hagen

Der aus vier 3-geschossigen Häusern bestehende Wohnblock
wurde im Auftrag der Hagener Gemeinnützigen
Wohnungsbaugesellschaft m.b.H. errichtet. Die Fenster und
die Eingangsbereiche sind in der insgesamt schlichten
Fassadengestaltung durch plastische Einrahmungen
wirkungsvoll hervorgehoben. Der Eingang des Hauses Nr. 33
erfährt durch eine mittige Figurenplastik über dem Sturz eine
besondere Betonung.
Die Gartenfassade ist durch die unterschiedlichen Fenster
sowie durch die vor- und zurückversetzten Erker und Risalite
kontrastreich. Der konkav gestaltete Eckbereich und
die vereinzelten Dachabschlüsse mit Schneckenornament sind
typische Gestaltungsmerkmale im CEuvre der Architekten.
Das Innere wie Türen und Treppengeländer ist weitgehend
original erhalten.

Objekt Nr.: 72
Ehem. Familienheim Elbers
HA-Emst, Natorpstr. 12

Baujahr : 1919/20
Architekt: Prof. Georg Metzendorf, Essen

Obwohl Metzendorf ab 1914 für mehrere Jahre als
„künstlerischer Beirat" für die Firma Elbers tätig war, sind seine
Arbeiten in Hagen wenig bekannt.
Durch die Vermittlung K. E. Osthaus lernte der Architekt die
Besitzer der Hagener Textilwerke, Gebrüder Elbers, kennen.
Das ehem. Familienheim mit 24 Wohnungen errichtete die
Firma Elbers für kleinere Familien und Witwen. Das
3-geschossige Gebäude mit weit auskragendem Mansarddach
liegt oberhalb des Stadtzentrums nicht weit vom Werk entfernt.
Vierzehn Achsen gliedern das Gebäude, wobei je zwei Fenster
und zwei Runderker im Wechsel zusammengefaßt sind.
Die verputzten Fassaden weisen wenig Schmuckelemente auf.
Der portalähnliche Eingang wird links und rechts von
Runderkern gerahmt. Metzendorfs Raumkonzeption und
Detailgestaltung im Inneren, wie z.B. Fliesen,
Treppengeländer und Holztüren, sind original erhalten.
Der Architekt entwarf für die Firma Elbers in Hagen außerdem
noch das ehem. Ledigenheim Elbers (Tuchmacherstr. 2/
Baujahr: 1919/20), das ehem. Familienhaus Elbers,
(Tuchmacherstr. 4/Baujahr: 1919/20) sowie die Werkbauten
Elbers an der Dödterstr. 10 (Baujahr: 1921/23).

Objekt Nr.: 73
**U.a. ehem. Polizeipräsidium, heute Wohn-
und Geschäftshaus**
HA-Mitte, Koncordiastr. 7/Hochstr. 134

Baujahr   : Juli 1921 - Januar 1922
Architekt: Gebrüder Ludwigs, Hagen

Das Gebäude wurde von der Hagener Gemeinnützigen
Wohnungsgesellschaft m.b.H. erbaut.
Der Eckbereich mit dem konvex ausgebildeten Erdgeschoß
und dem darüber konkav angelegten Obergeschossen bildet
den zentralen Blickfang des 3-geschossigen Wohn- und
Geschäftshauses.
Auf den Brüstungen standen früher Steinplastiken.
Die Fassade erfährt durch die breiten Gesimsfelder und Reliefs
eine außergewöhnliche Gestaltung. Den Dachbereich baute
man nach Kriegszerstörungen vereinfacht wieder auf.
Die Rückfassaden mit der für die Gebrüder Ludwigs typisch
konkav ausgebildeten Ecklösung sind hier mit Säulen variiert.

Objekt Nr.: 74
Ehem. Villa Kerckhoff
HA-Eppenhausen, Lohestr. 3

Baujahr   : 1922
Architekt: Gebrüder Ludwigs, Hagen

Villa aus rustikalem Klinkermauerwerk mit betontem, für die
Architekten formenmäßig typischem Dachgesims und stark
zurückspringendem Walmdach. Der Eingangsportikus mit
darüber liegendem Balkon ist gestalterischer Mittelpunkt der symmetrisch angeordneten Hauptschauseite.
Das Äußere des Gebäudes orientiert sich an Entwürfen
englischer Landhäuser.

Objekt Nr.: 75
Wohnbebauung
HA-Mitte, Elbersufer, Mollstraße

Baujahr : 1922-25
Architekt: Hans und Max Woltmann, Hagen

Die Architekten erbauten hier im Auftrag der Hagener
Gemeinnützigen Wohnungsgesellschaft m.b.H. einen
4-geschossigen Gebäudekomplex in expressionistischer
Klinkerbauweise. Der langgestreckte Kubus verläuft parallel zur
Volme, so daß zusammen mit der Baumallee und dem
historisierenden Geländer eine promenadenartige Situation
entstand, die sich von der Badstraße längs des Elbersufer bis
zur Rathausstraße erstreckt. Das Erdgeschoß wird durch einen
vorgesetzten, verputzten Geschoßsockel betont, die
zurückliegenden Eingänge sind individuell gestaltet. Dekorativ
gemauerte Friese und Eckpilaster gliedern die Fassade.
Alle Wohnungen entsprachen dem damaligen Anspruch des
modernen und sozialen Wohnungsbaus mit Kochnischen,
Vorratskammern, Bad und WC. Im Zusammenhang mit dem
Finanzamt (Objekt Nr.: 80) und dem Gebäude
(Emilienplatz/Ecke Mollstraße) von dem Hagener Architekten
Keydel bildet diese Bebauung ein stadtbildprägendes
Ensemble von hoher, architektonischer Qualität.

Objekt Nr.: 76
Ehem. Villa König
HA-Hohenlimburg, Burgweg 7/In den Höfen

Baujahr : 1923/24
Architekt: Otto de Berger, Hohenlimburg

In einem weiten Park errichtete, 2-geschossige Industriellenvilla
mit Walmdach. Der Eingang wird von zwei geschoß-
übergreifenden Säulen gerahmt, deren Kapitelle von einem
Zackenornament geschmückt werden. Mittig zwischen den
Säulen befindet sich im 1. Obergeschoß ein Balkon mit
kunstvollem Brüstungsgitter. Insgesamt wird der
Eingangsbereich von kleinteiligen Stuckarbeiten mit
überwiegend kantigen und winkeligen Motiven verziert.
Die Rückfassade ist ebenfalls mit Schweifgiebel über dem
Risalit und einem polygonalen Vorbau reich gestaltet.
Herausragendes Beispiel der Villenarchitektur der 20er Jahre in
Hohenlimburg.
Vom gleichen Architekten stammt auch die 1928 an der
Iserlohner Str. 41 erbaute ehem. Villa Knipps.

Objekt Nr.: 77
Arbeitersiedlung
HA-Oege, Oststr. 31-131

Baujahr : 1922-27
Architekt : Eugen Friederich, Hohenlimburg

Die Hoesch-Siedlung wurde in den 20er Jahren nach einem einheitlichen Plan beidseitig der Oststraße in unmittelbarer Nähe zum Arbeitsplatz ihrer Bewohner errichtet. Sie ist ein bedeutendes Beispiel für eine Arbeitersiedlung im Heimatschutzstil. Ursprüngl. waren noch weitere 10 Häuser geplant, die aber nicht realisiert wurden. Den Eingang zur Siedlung bilden zwei Torhäuser mit stark betonten Stufengiebeln. Die Häuser weisen in ihrer Dekoration teilweise historisierende Architekturformen, wie z.B. Rundbogenmotive, Säulen, Okuli, Arkaden, Fensterläden, Zwerchgiebel und Fensterbänder, auf. In vielfältiger Form wurden aber auch Architekturdetails des Expressionismus verwendet, so z.B. die scharfen Kanten- und Winkelornamente in den Eingangsbereichen. Die Gliederung der Fassaden wird maßgeblich durch die unterschiedlichen Fenstergrößen und -typen erreicht. Trotz wechselnder Stellung der Häuser, der platzähnlichen Erweiterung in der Mitte der Anlage und der großen Mannigfaltigkeit in der äußeren, architektonischen Gestaltung hat die Siedlung ein in sich geschlossenes Erscheinungsbild. Einflüsse der in den 80er und 90er Jahren des vorigen Jahrhunderts einsetzenden Gartenstadtbewegung wirken sich sichtbar aus. Die Konzeption der Siedlung beruht auf einer Integration von Arbeiten und Wohnen im örtlichen und sozialen Sinn. Weitere Häuser, die der Architekt für die Firma Hoesch entwarf, befinden sich u.a. an der Schleipenbergstr. Nr. 12/14; Nr. 33/33a und Nr. 37/39.

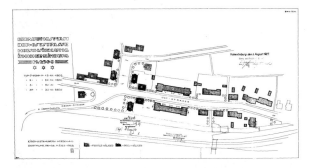

Objekt Nr.: 78
Kath. Pfarr- und Klosterkirche St. Elisabeth und Pfarrkloster
HA-Mitte, Scharnhorststraße/Franziskanerstraße

Baujahr : 1924-27
Architekt : Spelling, Hagen

3-schiffige, verputzte Hallenkirche in neobarocker Formgebung mit hohem Vorseitenturm und geschweifter Fassade. Die volumenreichen Plastiken an der Hauptschauseite gestaltete Berth Müller. Im Giebel, weithin sichtbar, „Christus am Kreuz". Im 2. Weltkrieg wurde die Kirche stark beschädigt. Lediglich der Chor mit Hochaltar und die Außenfassaden blieben erhalten. Das Gebäude wurde nach Plänen von Dominikus Böhm wiederaufgebaut, der auch die „Werktagskapelle" anfügte. Das 1973 von Adolf Zamel (Wetter) errichtete Pfarrkloster öffnet sich terrassenförmig zum Klostergarten. Wie das anschließende 1-geschossige Pfarrbüro ist es in Sichtbeton ausgeführt worden und funktional und klar gegliedert.

Objekt Nr.: 79
Ehem. Kohlehandelsgesellschaft „Mark",
heute u.a. Stadtverwaltung
HA-Mitte, Gerichtsstr. 25

Baujahr : 1925/26
Architekt : Ernst Kohlhage, Hagen

3-geschossiges, expressionistisches Backsteingebäude mit
Walmdach und halbrundem Treppenhausturm. Das
Erdgeschoß wurde in Bruchstein mit mittigem Portikus an der
Hauptfront ausgeführt.
Der Baukörper wird durch gemauerte Dreieckslisenen und
Friese gegliedert.
Die Schrift auf dem Portikus, die Darstellung eines Hammers
und Schlegels, das umlaufende Backsteinrelief in den
Fensterbrüstungen mit stilisierten Symbolen aus dem Bergbau
und zahlreiche Details im Inneren wie das Bleiglasbild weisen
auf die ehem. Funktion des Gebäudes hin.

Objekt Nr.: 80
Finanzamt Hagen
HA-Mitte, Märkischer Ring/Emilienplatz/Mollstraße

Baujahr : 1925/26
Architekt : Regierungsbaurat Reischig

Der 3-geschossige Backsteinbau in expressionistischer
Formengebung mit rhythmischer Pilastergliederung wurde im
Krieg stark beschädigt. Die Wiederherstellungsmaßnahmen
sind eine stilvolle Reparatur und Ergänzung in der Sprache der
50er Jahre; so der Säulengang am Märkischen Ring und der
Eingangsbereich mit Mosaik.
Im Inneren sind noch verschiedene, originale Einbauten aus der
Entstehungszeit, wie das Treppenhaus im Eckkomplex mit
Sandsteinbrüstungen und mäanderartigen Füllungen und die
Eisengeländer in den Nebentreppenhäusern mit geometrischen
Stuckornamenten, erhalten.
Die Gebäudeecke wird nicht nur planerisch durch den hohen
Eckturm betont, sondern auch durch die Plastik (Müller-
Blensdorf, Wuppertal) aus grünem Sandstein, die die Funktion
des Gebäudes versinnbildlicht. Die große Figur, die aus einem
Beutel Geld an die Caritas verteilt, stellt den Staat dar, die
kleineren Figuren am Sockel stehen für Handel und Industrie,
für Beamte, Arbeiter und Invalide.

Objekt Nr.: 81
Wohnsiedlung
HA-Eilpe, Franzstr. 89-99, 88-110

Baujahr   : 1926/27
Architekt: Hans und Max Woltmann/K. Zölzer, Hagen

Die auf beiden Straßenseiten errichteten Mietshauszeilen
entstanden im Auftrag der Hagener Gemeinützigen
Wohnungsbaugesellschaft m.b.H. Die 3-geschossigen Häuser
mit abgewalmten Dächern weisen trotz einheitlicher
Geschoßhöhe und dem breiten, abgestuften Dachgesims ein
individuelles Äußeres auf wie z.B. die unterschiedlichen
Eingangsgestaltungen und Sockelhöhen. Besonders
hervorzuheben sind einige Eingangstüren, die plastisch
gearbeitet sind und deren Ornamentik in den
Treppenhausglasfenstern wiederkehrt. Die Wohnhäuser
Franzstr. 97-105 sind über den Hauseingängen mit figürlichen
Plastiken des Hagener Bildhauers Karel Niestrath geschmückt.
1931 wurde die vorhandene Bebauung durch weitere Häuser
ergänzt (Franzstr. 81-85, Architekt: Ewald Wachenfeld).

Objekt Nr.: 82
Wohnsiedlung
HA-Wehringhausen, Eugen-Richter-Str. 46/48/
Borsigstr. 16-18/Siemensstraße/Franklinstraße

Baujahr   : 1928/29
Architekt: Ewald Wachenfeld, Hagen

Der zur Schaffung von preisgünstigen Wohnungen vom Spar-
und Bauverein Hagen errichtete Wohnblock ist ein Beispiel der
vielfältigen Wohnungsbauprojekte der 20er Jahre in
Wehringhausen. Die Häuser an der Borsigstraße sind auf
einem gestaffelten Grundriß konzipiert. Im Erdgeschoß zur
Eugen-Richter-Straße befindet sich ein Ladengeschäft.
Zahlreiche, ausdrucksstarke Gestaltungsmerkmale
unterbrechen die funktionale Fassade, so z.B. die auf Konsolen
stehenden, expressionistischen Plastiken über den Eingängen.
Vor einigen Jahren wurden die Häuser unter Aufgabe der
ursprüngl. Farbgebung und Fenstergestaltung renoviert. In
unmittelbarer Nähe befindet sich eine weitere Siedlung. Die in
der Eugen-Richter-Str./Ecke Gutenbergstraße erbauten
Häuser entwarf der Hagener Architekt August Keydel 1926-29
für den Eisenbahn Bauverein. Die Fassaden sind im Stil des
Expressionismus kontrastreich gestaltet.

Objekt Nr.: 83
Ehem. Geschäftshäuser der Konsumgenossenschaft
„Vorwärts-Befreiung"
HA-Hohenlimburg, u.a. Freiheitstraße 19/21

Baujahr : 1926-29
Architekt: Hermann Deffke, Barmen
Gebrüder Ludwigs, Hagen
Ernst Kohlhage, Hagen

In der zweiten Hälfte des 19. Jahrhunderts entstanden in Deutschland die Konsumvereine.
Sie ermöglichten hauptsächlich den Arbeitern, Ware ohne Unternehmergewinne zu kaufen, Bildungsfonds einzurichten und preiswerte, gesunde Wohnungen zu mieten. Der erste Konsumverein in Hagen entstand um 1864. Der 1924 gegründete Verein „Vorwärts-Befreiung" mit Hauptzentrale in Wuppertal-Barmen war ein Zusammenschluß kleinerer Vereine.
Von den insgesamt 19 Neubauten der „Vorwärts-Befreiung" wurden sechs Konsumneubauten in Hagen errichtet, die alle erhalten sind. Im Erdgeschoß der Gebäude befanden sich die Konsumläden mit Lagern, in den oberen Etagen Wohnungen für die Mitglieder.
Die horizontalen Gebäudekörper mit Walmdächern weisen einen auffallenden, eigenwilligen Fassadenschmuck auf, zum Teil mit expressionistischen Reliefarbeiten. An dem Gebäude in der Freiheitstr. 19/21 (1928, Arch. Ludwigs) sind neben zwei Reliefs mit Frauengestalten die fünf Sinne dargestellt (Bildhauer: Friedrich Bagdons, Dortmund). Der ehem. Konsum Kölner Str. 21 (1928, Arch. Ludwigs) zeigt u.a. an der Fassade Reliefs mit Tierkreiszeichen.
Weitere ehem. Konsumläden:
Bismarckstr. 27/29, Architekt Kohlhage, Baujahr 1927/29,
Flurstr. 12/14 / Ecke Franzstr. 124, Architekt Gebr. Ludwigs, Baujahr: 1927/28,
Voerder Str. 69, Architekt Deffke, Baujahr: 1928,
Möllerstr. 14 (stark verändert), Architekt Gebr. Ludwigs, Baujahr 1929.
Die Treppenhäuser aller o. g. Konsumläden sind weitgehend erhalten geblieben und qualitätvoll mit Glasfenstern, verzierten Treppengeländern und kunstvollen Schmiedearbeiten ausgestattet.

Objekt Nr.: 84
Cunosiedlung
HA-Wehringhausen, Kuhlerkamp
Leopoldstraße/Heinrichstraße/Albrechtstraße

Baujahr : 1926-1928
Architekt : Wiehl/Balser/Woltmann/Wachenfeld/Günther und
Büchsenschütz unter der Leitung von E. Figge,
Stadtbaurat Hagen

Mit ihrem künstlerisch anspruchsvoll gestalteten Äußeren und ihren fortschrittlichen, sozialen Einrichtungen stellt diese Siedlung einen Höhepunkt im Siedlungsbau der 20er Jahre dar. Ihr Name erinnert an den 1926 in den Ruhestand getretenen Oberbürgermeister Cuno.
Die Siedlung liegt städtebaulich prägend auf der Kuppe des Kuhlerkampes oberhalb des Ortsteiles Wehringhausen. Die Architekten realisierten hier 125 Wohneinheiten mit jeweils 2-4 Zimmern.
Die 2-4-geschossigen Gebäuderiegel sind durch Terrassengärten, Treppenanlagen und Bruchsteinmauern miteinander verbunden. In der obersten Bauzeile gab es eine zentrale Wäscherei mit einem Angestellten und Gemeinschaftsbadeeinrichtungen. Alle Wohnungen waren mit der zweckmäßigen „Frankfurter Küche" (Entwurf: Margarete Schütte-Lihotzky, Wien) ausgestattet (heute nicht mehr erhalten), die durch eine Glaswand vom Wohnraum getrennt war. Die äußere Gestaltung mit hartgebranntem, blau-rotem Klinker weist sowohl funktionalistische als auch expressionistische Stilmerkmale auf. Plastiken von Karel Niestrath (Hagen) und Hans Dorn (Hagen) schmücken die Gebäude und geben jedem Hauseingang ein individuelles Erkennungsmerkmal.
Die Siedlung wurde 1984 von den Hagener Architekten Lemm/Brettschneider/Dechêne und Kuschel umfangreich saniert und modernisiert.

Cunosiedlung, Kuhlerkamp

Objekt Nr.: 85
Ehem. Umformwerk „Schützenhof"
HA-Haspe, Voerder Str. 131a

Baujahr : 1927/28
Architekt : Kurt Günther, Hagen

Eines der wenigen, technischen Gebäude im Raum Hagen, die im Stil der von Walter Gropius geprägten Bauhausarchitektur entstanden. Es diente der Stadtwerke AG zur Umspannung des Stromes für die Straßenbahnstrecke von Hagen nach Breckerfeld.
Das Gebäudekonzept aus drei hintereinander gestaffelten Kuben besticht durch seine einfache Gestalt. Der hintere Kubus ist vertikal aufgestellt und umfaßt den seitlich gelegenen, original erhaltenen Eingangsbereich mit gestuftem Portalgewände. Durch zahlreiche Umnutzungen ist von der Innengestaltung lediglich der Vorraum mit grün glasierten Fliesen erhalten.
Die ursprüngl. Fenstergestaltung mit Sprossen, die die horizontale Ausrichtung der vorgelagerten Kuben unterstützte, ist unsensibel durch Glasbausteine und Holzfenster ersetzt worden. Die Turmuhr über Eck ist ein wichtiges Gestaltungselement und in ihrer funktionalistischen Einfachheit beredtes Symbol für eine Institution, deren Tagesgeschäft maßgeblich von der Zeit bestimmt wird.

Umformerwerk Schützenhof

Objekt Nr.: 86
Ehem. Wagenhalle der Hagener Straßenbahn AG
HA-Eckesey, Eckeseyer Straße 42

Baujahr : 1927/28
Architekt : Schluckebier & Langensiepen, Hagen

Die Architekten errichteten mit diesem Bau eine sowohl
technisch als auch künstlerisch zu ihrer Zeit hochmoderne
Wagenhalle.
Das rote Ziegelsteingebäude, in zwei Bauabschnitten erbaut,
ist in drei Stufen angelegt und endet mit dem hohen,
stadteinwärts gerichteten Treppenhausturm.
Die klare, funktionale Gliederung wird durch die
expressionistisch anmutenden, dreieckigen Öffnungen und die
spitzzulaufenden Putzbänder aufgelockert.
Das Gebäude ist heute zum Teil verändert und wirkt
vernachlässigt; dies nicht zuletzt durch die Geländeanhebung
beim Bau der Hochstraße.

Im Auftrag der Hagener Stadtwerke AG entwarfen die
Architekten auch das Gebäude am Bergischen Ring 103.
Sieben Achsen gliedern den 4-geschossigen Backsteinbau. Die
ursprüngl. langen Fensterbänder wurden zum Teil vermauert
und durch kleinere Fenster ersetzt. In bezug auf die Funktion
des Gebäudes wurde das Eisengitter der Toreinfahrt in Form
von Stromblitzen gestaltet.

Neubau der Straßenbahnwagenhalle in Hagen-Eckesey

Objekt Nr.: 87
Kapelle am Remberg Friedhof
HA-Mitte, Malmedystraße

Baujahr : 1927
Architekt: Schluckebier & Langensiepen, Hagen

Monumentaler Kubus aus Bruchstein mit Kupferdach und bekrönendem Kreuz. Die Eingänge zu den Andachtshallen sind wie die Rahmungen der Fenster in Sandstein gefaßt und links und rechts mit plastisch herausgearbeiteten Kreuzen flankiert. Vertikale Schlitzfenster im Dreierrhythmus an jeder Gebäudeseite unterbrechen die Wandflächen. Die von außen unfarbig wirkenden Glasfenster erscheinen im Inneren in expressionistischer Farbgebung.

Objekt Nr.: 88
Kath. Pfarrkirche Christ-König
HA-Boelerheide, Overbergstr. 67

Baujahr : 1927
Architekt: Peter Wiehl, Hagen

Der kreuzförmige, 3-schiffige Backsteinbau mit breitem Langhaus, schmalem Querhaus und kupferbeschlagenem Dachreiter ist einer der bedeutendsten expressionistischen Kirchenbauten Westfalens.
In der feinen Ornamentmauertechnik finden sich Zitate aus der niederländischen Sakralarchitektur und aus der Romanik des Ostseeraumes wieder. Vor Apsis und Altarbereich stehen vier Arkadensäulen, die nach oben hin trompetenförmig zu einem Tonnengewölbe zusammenwachsen.
Neben der großflächigen, intensiven Bemalung befinden sich im Deckengewölbe und im Triumphbogen figürliche Darstellungen: die vier Evangelisten und eine Christusdarstellung. Die 1927/28 wahrscheinlich von Friedrich Leisse ausgeführte expressionistische Kirchenausmalung wurde 1989 restauriert und ist vermutlich einzigartig in Nordrhein-Westfalen. Die 22 Glasfenster entwarf der Hagener Maler Erwin Hegemann in den 70er Jahren, nachdem die Originale im 2. Weltkrieg zerstört wurden. Das Gestühl und die Kreuzigungsgruppe sind noch aus der Erbauungszeit erhalten. Den aus einer Spende 1994 errichteten Kampanile entwarf der Architekt E. Wellie aus Arnsberg.

Objekt Nr.: 89
Feuerwehrgeräte- und Mannschaftshaus
HA-Haspe, Kölner Str. 82

Baujahr : 1928/29
Architekt: Günther Oberste-Berghaus, Haspe

Der kubische Baukörper mit Flachdach und funktionalistisch
hell verputzter Fassade nimmt als einer der wenigen Bauten in
Hagen Tendenzen des Internationalen Baustils auf.
Das verglaste, farbig abgesetzte Treppenhaus betont die
vertikale Ausrichtung.
In seiner Modernität hebt er sich deutlich von der umliegenden
Bebauung ab.

Objekt Nr.: 90
„Steinbrinkhof"
HA-Haspe, Auf dem Steinbrink

Baujahr : 1928
Architekt: Franz X. Toelle, Haspe

Mit 117 Wohneinheiten stellt diese Anlage den Höhepunkt in
der Bautätigkeit des 1899 gegründeten Spar- und Bauvereins
zu Haspe dar. Zwischen Leim-, Stein-, Kurze-, und früherer
Hochstraße (heute Hasperbruch) errichtete der Architekt
Toelle, der seit 1909 auch Geschäftsführer des Vereins war,
19 Häuser mit jeweils drei Geschossen um einen begrünten
Innenhof.
Expressionistische Erker mit 2-flügeligen Eckfenstern im
Wechsel mit eher schmucklosen Fassaden prägen die äußere
Gestaltung. Das Eckhaus an der Leimstraße wird bis heute als
Gaststätte genutzt. Früher war hier auch ein Ledigenheim
für 40 Personen mit großem Aufenthaltsraum, Lese- und
Schreibzimmer untergebracht.
Sämtliche Wohnungen waren dem modernsten Standard
entsprechend mit Kochnische, Badezimmer und Loggien
ausgestattet.
Die Wohnanlage ist in den letzten Jahren umfangreich saniert
worden.

Objekt Nr.: 91
Siedlung „Auf dem Krahenbrink"
HA-Hohenlimburg, Georg-Scheer-Straße/Heidestraße

Baujahr : 1927/29
Architekt: Otto de Berger/Eugen Friederich,
　　　　　　Hohenlimburg

Der 1926 gegründete Hohenlimburger Bauverein errichtete
innerhalb weniger Jahre mehrere Siedlungen, die die große
Wohnungsnot in Hohenlimburg entscheidend linderten.
Die Siedlung „Auf dem Krahenbrink", auf einem 20.000 qm
großen Gelände erbaut, erhielt ihren Namen durch eine alte
Flurbezeichnung.
Die mit standardisierten Haustypen im Heimatschutzstil
errichtete Wohnsiedlung gibt ein einheitliches und konsequent
durchgestaltetes Bild wieder. Dem Straßenverlauf angepaßt,
sind die Häuser teils trauf-, teils giebelseitig zur Straße hin
orientiert.
Neben überwiegend traditionellen Architekturdetails wie
Schlagläden und einer reichen Dachlandschaft weisen die
Häuser auch expressionistische Gestaltungen auf. Zahlreiche
Gesimsbänder, über Eck verklammerte Fenster oder die
spitzbogig zulaufenden Fenster des ehem. Ladengeschäftes
an der Georg-Scheer-Straße sind nur einige Beispiele.
Die großzügig gestaltete Siedlung mit Vorgärten, Grünflächen,
„Schmuckhöfen" und den sternförmig angelegten Brunnen
wurde Ende der 70er Jahre durch eine umfassende Objekt-
sanierung in ihrem Erscheinungsbild nachhaltig verändert.

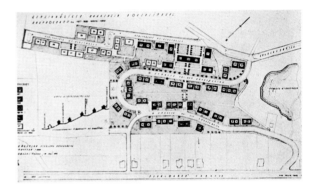

Eine weitere Siedlung des Hohenlimburger Bauvereins entwarf
der Architekt Eugen Friederich in unmittelbarer Nähe. Der aus
fünf Häusern bestehende Wohnblock „Jägerstraße" entstand
1928. Zwei imposante Giebelhäuser leiten in den Innenhof
über, der über eine mehrstufige Treppenanlage erschlossen ist.

Zusammen mit den vom Beamtenwohnungsverein erstellten
Wohnhäusern mit 18 Wohneinheiten in der Bruckstraße
(Architekt: de Berger) prägen die drei beschriebenen
Siedlungen das Erscheinungsbild dieses Stadtteils maßgeblich.

Objekt Nr.: 92
Wohnhauszeile
HA-Ischeland, Königstr. 28-36

Baujahr : 1928
Architekt : Demuth & Köhler, Hagen

Durchgehend 4-geschossige Gebäudereihe in farb- und kontrastreicher Formensprache. Leitmotive des Expressionismus wie der Kristall spiegeln sich in den klar umrissenen Formen des Baukörpers und im besonderen an den zur Sternform ausgeweiteten zwei Eckerkern des Hauses Nr. 36 wieder. Bauherr war die Hagener Gemeinnützige Wohnungsgesellschaft m.b.H.

Die ursprüngl. einheitlichen Wohnhäuser (Königstr. 23, 23a, 25) auf der gegenüberliegenden Seite entwarfen die Hagener Architekten Gebr. Ludwigs (Baujahr: 1912). Die Gebäude mit den kunstvollen Fassaden wurden im Krieg zum Teil zerstört, Haus Nr. 23a sogar vollständig. An den Häusern Nr. 23 und 25 ist auch heute noch die unverkennbare Handschrift der Architekten ablesbar.

Objekt Nr.: 93
Wohnblock
HA-Wehringhausen, Eugen-Richter-Straße/Pelmkestr.16-18/ Siemensstraße

Baujahr : 1929
Architekt : Peter Wiehl, Hagen
Realisierung des 1. Preises eines Wettbewerbes

Zentraler Blickpunkt des von der Hagener Gemeinnützigen Wohnungsbaugesellschaft m.b.H. errichteten Wohnblocks ist der leicht erhöhte, 6-geschossige Wohnturm an der Eugen-Richter-Straße mit dem im Erdgeschoß liegenden Ladengeschäft. Die 4-geschossigen Häuser zur Pelmkestraße sind auf einem gestaffelten Grundriß angeordnet.
Sowohl die hell verputzte, fast schmucklose, funktionale Fassade wie auch die gestaffelte Anordnung der Häuser ergaben eine erhebliche Baukostenersparnis. Mit der anschließenden Bebauung aus der Jahrhundertwende bildet der Wohnblock einen geräumigen Innenhof.
Die ursprüngl. Sprossenfenster, die die äußere Erscheinung maßgeblich prägten, wurden bei der Renovierung untypisch erneuert.

Objekt Nr.: 94
Stadtbad Haspe
HA-Haspe, Berliner Straße/Heilig-Geist-Straße

Baujahr   : 1929/1949-1952
Architekt   : Günther Oberste-Berghaus, Haspe
Innenausbau : Hans Schenten, Hagen

Im Auftrag der Hagener Stadtwerke AG vom damaligen Leiter
der Neubauabteilung der Stadt Haspe entworfen.
Der kubische Klinkerbau besteht aus einem Haupttrakt mit
Schwimmbecken an der Berliner Straße und einem
Seitenflügel an der Heilig-Geist-Straße, in dem u.a.
Wohnungen untergebracht sind. Im Erdgeschoß befinden sich
mehrere Ladenlokale.
Typische Elemente der Bauhausarchitektur sind die
ineinandergeschobenen, vertikalen und horizontalen Kuben
sowie das stark hervortretende Treppenhaus und die
charakteristischen Fenster- und Klinkerbänder. Die ursprüngl.
Innengestaltung des Bades sollte das äußere Entwurfschema
aufnehmen, sie wurde jedoch nicht realisiert.
Nachdem das Gebäude in den 30er Jahren aus finanz-
politischen Gründen lediglich als Rohbau fertiggestellt wurde,
gestaltete der Architekt Schenten erst 20 Jahre später den
Innenausbau, so daß das Hallenbad 1952 endgültig eröffnet
werden konnte.
Seit 1993 ist die Badeanstalt geschlossen; eine Umnutzung
und ein Anbau sind geplant.

Objekt Nr.: 95
Ehem. Berufsschule,
heute Christian-Rohlfs-Gymnasium
HA-Haspe, Ennepeufer 3

Baujahr   : 1929/32
Architekt : Günther Oberste-Berghaus, Haspe

Der vorgegebene, geschwungene Verlauf der Ennepe wurde
auf die Form des Baukörpers übertragen.
Gemäß der Forderung nach einer getrennten Unterbringung
von Jungen und Mädchen wurde der Grundriß 2-flügelig und
nahezu symmetrisch angelegt.
Die äußere Gestaltung folgt wie beim Stadtbad dem
blockhaften, kubischen Prinzip mit der Betonung der
Horizontalen.
Auch hier entwarf der Architekt die Fassade mit dem
charakteristischen Backstein. Die hohen Treppenhaustürme mit
den plastisch herausgearbeiteten Fenstergesimsen sind im
Gegensatz dazu das vertikale Element. Sie ragen wie Flanken
über den Mittelteil des Gebäudes hinaus. Anlehnungen an die
im Jahr zuvor fertiggestellte Flughafensiedlung in Hamburg von
Fritz Höger sind deutlich erkennbar.

Objekt Nr.: 96
Wohnanlage Rastebaum
HA-Altenhagen, Boeler Straße/Am Rastebaum

Baujahr : 1930-32
Architekt : Deutsche Wohnungsfürsorge AG, Bochum
(DEWOG)

Mit 112 Wohneinheiten war diese im Stil des Funktionalismus errichtete Wohnanlage seinerzeit eine der größten sozialen Wohnungsbaumaßnahmen Hagens im Rahmen eines Arbeitsbeschaffungsprogramms der Reichsregierung.
Auftraggeber war die Gemeinnützige Baugenossenschaft der freien Gewerkschaften e.G.m.b.H., Hagen.
Der Grundriß der 4-geschossigen Anlage mit Flachdach wurde einer vorhandenen Geländemulde angepaßt. Die Betonung der schlichten, in sich geschlossenen Front des geschwungenen Mitteltraktes wird durch die Verlagerung der Eingänge in den Innenhof unterstützt.
Ein typisches Stilmerkmal der funktionalistischen Architektur war die weiß verputzte, streng gegliederte Lochfassade und die farbliche Absetzung der Holzfensterrahmungen.

Objekt Nr.: 97
Wohnblock
HA-Eckesey, Schillerstr. 36/38/Wielandplatz 2/4

Baujahr : 1932/33
Architekt : Günther Oberste-Berghaus, Haspe

Der 3- und 4-geschossige Baukörper gehört zu den wenigen, funktionalistischen Bauten in Hagen. Er wurde im Auftrag der Gemeinnützigen Baugenossenschaft der freien Gewerkschaften errichtet. Neben Zitaten aus der Schiffs-architektur schuf der Architekt ein interessantes Gegen-einander von runden und kantigen Ecken. Die kleinen Balkone zum Platz hin verklammern die beiden Gebäudekuben.
Gemeinsam mit dem gegenüberliegenden, expressionistischen Wohnblock, der 1928 von August Keydel (Hagen) im Auftrag des Eisenbahn Bauvereins Hagen/Westf. errichtet wurde, und der anschließenden Bebauung um den Wielandplatz aus dem Jahre 1938 (Ruhrwohnungsbau AG, Dortmund) stellt der Gebäudekomplex ein anschauliches architekturhistorisches Ensemble dar.

V. Vom Wiederaufbau bis in die 60er Jahre

Ausgelöst durch zahlreiche Abrisse und Umgestaltungen von Gebäuden der 50er Jahre, wurde Anfang der 80er Jahre durch Inventarisierung, Publikationen und Ausstellungen auf die Bauten des Wiederaufbaus aufmerksam gemacht.

Neben Trümmerräumungen, notdürftigen Reparatur- und Instandsetzungen und die Errichtung provisorischer Bauten bestand die Hauptaufgabe der Architekten und Stadtplaner in der Erstellung von Wiederaufbaukonzepten für die zerstörten Städte. Nachdem 1947 der Marshall-Plan die Weichen für einen schnellen Wiederaufbau stellte, folgte 1948 die Währungsreform und 1949 die Gründung der BRD. Das 1950 in Kraft getretene, erste Wohnungsbaugesetz schuf die Grundlagen für den nun zügig einsetzenden Bauboom. Die Zerstörung der Städte wurde als Chance angesehen, die Planungssünden der Vergangenheit zu beseitigen. Man wehrte sich gegen die Übernahme von historischen Tradtionen. Besonders das Schreckensbild der dunklen Mietskasernen des 19. Jahrhunderts mit seinen engen Korridorstraßen versuchte man durch eine aufgelockerte und gegliederte Stadt aufzuheben.

Die planenden Architekten hatten ihre Ausbildung zum Teil in der Weimarer Republik wie auch unter der national-sozialistischen Herrschaft erhalten. Einige waren vor und während des Krieges emigriert, weil sie unter den Nationalsozialisten ihre Architekturvorstellungen nicht realisieren durften. So stießen unterschiedlichste Auffassungen aufeinander, deren mögliche Umsetzungen unter den Architekten und Planern zu zahlreichen Diskussionen führten und eine Gleichzeitigkeit von unterschiedlichsten architek-tonischen und städtebaulichen Lösungen zur Folge hatte. Bestimmten in den ersten Jahren nach dem Krieg die Traditionalisten und die dem Heimatschutzstil nahestehenden Vertreter das Baugeschehen, versuchten die Architekten, die eine „ 2. Moderne" in Anknüpfung an die 20er Jahre suchten, ihre Positionen bei der Vergabe von Neuplanungen durchzusetzen. So entstand eine Architektursprache zwischen Tradition und Neuanfang.

Die „entmaterialisierte" Architektur mit ihren filigranen, freischwingenden Betonkonstruktionen und den vorspringenden Eingangsbereichen wurde zum wichtigsten Stilmerkmal (Objekt Nr.: 102). Gläserne Fassaden und fließende Linien, die häufig in der Gestaltung der Treppen-anlagen angewendet wurden, findet man an vielen Gebäuden der 50er Jahre wieder. Hinzu kommt die besonders für Verwal-tungsbauten angewendete Rasterfassade (Objekt Nr.: 100), die durch Aufreihung gleicher Gestaltungselemente wie schmale, hochrechteckige Fenster gebildet wird.

Sgraffiti und Mosaikbilder bestimmten die Innen- und Außenflächen von Gebäuden. Die Werke der Künstler Emil Schumacher und Carl Baumann zieren auch heute noch die

Bauten der 50er Jahre in Hagen (Objekt Nr.: 104 und 107).

In diesem Spannungsfeld wurden Fragen für und gegen einen Wiederaufbau historischer Bauten diskutiert, bei denen sich nur ein geringer Prozentsatz deutscher Städte für den Wiederaufbau und die Rekonstruktion (z.B. Münster, Freiburg oder Lübeck) entschied. In Hagen wurde die Innenstadt durch die Bombenangriffe des 2. Weltkrieges fast zu 100% zerstört, so daß man sie heute als eine Stadt der 50er Jahre bezeichnen kann. Der aufgelöste, fließende Raum mit weit ausschwin-genden Verkehrsadern, die in Grünanlagen eingebettet waren, und den Gebäuden, die vom Straßenrand zurücktraten, bestimmte das neue Stadtbild. Das nach dem Krieg zu erwartende Anwachsen des Autoverkehrs wurde als Leitgedanke in die Neubauplanungen einbezogen. Trotz nachhaltiger Eingriffe in den 70er Jahren sind in Hagen Teile dieser Planungen heute noch im Bereich vom Bahnhof bis zur Mittelstadt ablesbar.

Bei historischen Hagener Bauten wie dem im Krieg teilzer-störten Rathaus, der ehem. Stadthalle oder der Sparkasse entschied man sich für einen Abbruch. Die Innenstadt sollte primär City sein, die ursprüngl. Funktion des Wohnens wurde verdrängt. Wie Pilze schossen Kaufhausneubauten aus dem Boden, das Konsumzeitalter begann. Bauten der sogenannten „Verdrängungskultur" wie Eisdielen, Tanzlokale und Kinos versuchten, die Jahre des Krieges vergessen zu machen, und waren fester Bestandteil der neugebauten City.

Schnell und kostengünstig entstanden zahlreiche Siedlungen am Rand der Innenstadt, um das aktuellste Problem dieser Jahre, die Wohnungsnot, zu beseitigen. Mit Hilfe des sozialen Wohnungsbaus wurden bis Mitte der 60er Jahre etwa fünf Millionen Neubauwohnungen mit einem hohen Qualitätsstandard in der BRD erstellt. Als geeignetste Grundform favorisierte man den Zeilenbau (Objekt Nr.: 112). In Hagen wurden von Spezialwissenschaftlern städtebauliche Stellungnahmen über unterschiedlichste Bereiche eingeholt. 1959/60 und 1963 erarbeiteten die Städteplaner Prof. May (Hamburg) und Dipl.-Ing. Höltje (Dortmund) sowie Prof. Randa (Hannover) zukunftsweisende Planvorschläge für neue Wohnsiedlungen. Für die Stadterweiterung wurden grundlegende Bebauungspläne entwickelt. So entstand 1959 die Gartenvorstadt Emsterfeld, 1961 die Gartenvorstadt Helfe und 1963 die Wohnsiedlungen Brockhausen und Eppenhausen-West. Die gewonnenen Erkenntnisse über Rationalisierung und Technik flossen in spätere Normungen (Objekt Nr.: 116 und 120) ein.

Anfang der 60er Jahre gerieten schließlich die Grundsätze der gegliederten und aufgelockerten Stadt, u.a. durch den immensen Landverbrauch, in Kritik.

Objekt Nr.: 98
Richarda-Huch-Schule, Turnhalle
HA-Mitte, Voswinckelstr. 1

Baujahr : 1952-54, Turnhalle und Aula
           1956/57
Architekt: Städtisches Hochbauamt, Hagen
           Entwurf: Herbert Böhme

Der 4-geschossige Flügelbau, dessen Turnhalle über einen
Glasgang mit dem Schulbau verbunden ist, ist von öffentlichen
Grünflächen umgeben. Der auf Stützen stehende, verglaste
Vorbau hebt sich von der Lochfassade des Eingangsbereiches
deutlich ab. Die übrigen Fassaden sind durch horizontale
Fensterbänder und vertikale, farbige Absetzungen gegliedert.
An der Außenfassade der Turnhalle befindet sich ein Sgraffito
von R. Pudlich (Düsseldorf). Im Gebäudeinneren sind neben
vielen originalen Details eine Bronzeplastik von R. Sintenis
(Berlin) mit dem Titel „Daphne", mehrere Arbeiten von
Carl Baumann (Hagen) sowie ein Mosaikbild von Emil
Schumacher erhalten.

Objekt Nr.: 99
Evang. Kindergarten
HA-Mitte, Yorckstr. 11

Baujahr : 1953/54
Architekt : Paul Gottschalk, Letmathe

Der Architekt konzipierte einen kreisrunden Baukörper mit
erhöhtem Mittelteil.
Das dünne Dach über dem Eingangsbereich wird von sechs
schlanken Säulen getragen. Links und rechts flankieren zwei
Sgraffitos von Karl Hellwig (Haßlinghausen) den
Eingangsbereich.
Die Räume im Inneren gruppieren sich um eine große Halle,
die ihre Beleuchtung durch das umlaufende Fensterband
erhält. Interessante und überzeugende Lösung sowohl in der
äußeren Formgebung als auch in der inneren Gesamtkonzeption.

Objekt Nr.: 100
Verwaltungsgebäude Elektromark
HA-Mitte, Körnerstr. 40/Springmannstraße

Baujahr : 1953/54
Architekt: Prof. Heinrich Bartmann, Darmstadt
Realisierung eines öffentlichen Wettbewerbes

Die transparente, filigran wirkende Rasterfassade bestimmt den 7-geschossigen Hauptbaukörper und den 4-geschossigen Nebentrakt. An der Körnerstraße verläuft über das gesamte Erdgeschoß ein vorgezogener Ladentrakt, der die Aufgabe hat, die Höhenwirkung zu mindern und beide Baukörper zu verbinden. Der Haupteingang ist von einem Vorbau überfangen, der auf vier zierlichen Doppelstützen steht. Das gut erhaltene Gebäude der Elektromark ist auch heute noch ein herausragendes Beispiel für das Architekturverständnis der 50er Jahre.

Objekt Nr.: 101
Verwaltungsgebäude Ruhrverband, Abt. Hagen
HA-Mitte, Wittekindstr. 37

Baujahr : 1953/54
Architekt: Alfred Ludwig, Bochum

Gestaffeltes Gebäude mit Flachdach und horizontal ausgerichteten Fensterbändern in Anlehnung an die Schiffsarchitektur der 20er Jahre.
Den Eingangsbereich pointiert ein dynamisch aufschwingendes Dach. Die Innenräume sind größtenteils erhalten, wie z.B. das Treppenhaus mit Glasbausteinen und geschwungener Treppe und die im Eckzimmer des 1. OG abgerundete Deckengestaltung.
Qualitätvolles Beispiel für die Verbindung der Architektur des modernen Bauens der 20er Jahre mit den Stilelementen der 50er Jahre.

Objekt Nr.: 102
Volkspark
HA-Mitte

Die um den Volkspark (Gesamtplanung: Gartenarchitekt Birkigt, Düsseldorf) entstandene Bebauung aus den 50er Jahren wird durch mehrere herausragende Gebäude dieser Epoche bestimmt. Neben dem im folgenden beschriebenen Pavillon sind es die Konzertmuschel (1956), die Gebäude der Elektromark (Objekt Nr.: 100) und der Verwaltungsbau der Südwestfälischen Industrie und Handelskammer (SIHK). Das Gebäude der SIHK wurde 1956 von den Architekten Adam Wiehl und Horst Bergmann errichtet (s. Abb.) und in den 80er Jahren stark verändert.
Auf den Grünanlagen, die sich bis zur Volme erstrecken, befinden sich mehrere Plastiken, z.B. die Bronzeplastik „Esel mit Jüngling" von Ursula Wallner-Querner (1959).

Verkehrspavillon
HA-Mitte, Elberfelder Str. 42/Adolf Nassau Platz

Baujahr   : 1954
Architekt : Städtisches Hochbauamt, Hagen
                  Entwurf· Herbert Böhme

Der Pavillon erhebt sich auf einem ellipsenförmigen Grundriß mit weit auskragendem Flachdach.
Über den Fensterbrüstungen aus schwarzen Detopak-Glasplatten schließt sich eine großflächige Verglasung an, die von schmalen Stahlprofilen eingefaßt wird.
Der Pavillon ist in seiner Materialwahl und Gestaltung ein typisches Beispiel für die bescheidene und maßstäbliche Bebauung Anfang der 50er Jahre.
Der geplante Abriß zu Beginn der 90er Jahre konnte durch eine Bürgerinitiative verhindert werden, so daß der denkmalgeschützte Bau 1991/92 weitgehend original restauriert werden konnte.

Ähnliche Pavillonbauten der 50er Jahre befinden sich u.a. in HA-Eilpe an der Eilper Str. 41 (Wartehalle, s. Zeichnung), in HA-Oege an der Oeger Str. 51 (ehem. Pförtnerhaus der Fa. Giebel) und in HA-Mitte am Märkischen Ring 121.

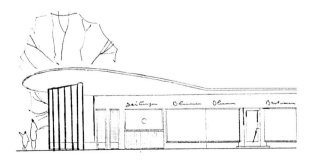

Objekt Nr.: 103
Kath. Heilig Geist Kirche
„Bleistiftkirche"
HA-Emst, Oberer Altlohweg 16

Baujahr   : 1953-55
Architekt : Prof. Dominikus Böhm, Köln

Der 1-schiffige Hallenbau wird an der Nordseite querschiffartig durch eine Taufkapelle und südlich durch eine Marienkapelle erweitert. Der Glockenturm ist eine moderne Interpretation des Wehrturmes der Romanik. Das Kircheninnere wird durch die Stuckdecke geprägt, die das Motiv der Feuerzungen des Heiligen Geistes abwandelt. Die Fenster im Langschiff wurden nach den Entwürfen des Architekten gestaltet und stellen die sieben Sakramente dar. Die Kirche war richtungsweisend für den modernen, katholischen Kirchenbau.

Objekt Nr.: 104
Parkhaus
HA-Mitte, Stadtgartenallee

Baujahr   : 1954-56
Architekt : Städtisches Hochbauamt Hagen
                    Entwurf: Herbert Böhme

Wiederaufbau für das im Krieg zerstörte und an gleicher Stelle 1907 erbaute Veranstaltungslokal. T-förmig angelegte Gebäudegruppe mit abgerundetem Cafétrakt zum Park. Die großflächigen Verglasungen mit ursprüngl. feinen Stahlprofilen und das auskragende Flachdach stehen für eine „Entmaterialisierung" des Bauens. Das Fliesenmosaik von Emil Schumacher (Hagen) an der Außenwand des Hoteltraktes und viele weitere Details im Inneren sorgten in der Nachkriegszeit für ein zeitgemäßes Ambiente beschwingter Unterhaltung. Durch wenig einfühlsame Erneuerungen in den letzten Jahrzehnten ging dieser Eindruck verloren.

Objekt Nr.: 105
Gerlingkonzern
HA-Mitte, Körnerstr. 45

Baujahr   : 1955/56
Architekt : Prof. Arno Breker

Arno Breker, „der" Bildhauer des 3. Reiches, errichtete hier ein 4-geschossiges Gebäude, das er in der Geschoßhöhe und Dachform der linken Bebauung anpaßte. Die vertikale Fassadengliederung wird durch angedeutete Lisenen unterstützt. Die Wandflächen sind mit Steinplatten verkleidet. Die Metallfenster sind in den Fensterbrüstungen durch kreisrunde Verzierungen mit farbig hinterlegtem Glas optisch betont. Insgesamt weist das Gebäude eine monumentale, flächige Gestaltung auf, die für die Gerling-Bauten charakteristisch ist.

Objekt Nr.: 106
Weinert Bungalows
HA-Emst, Starenweg 1-11

Baujahr : 1956-1964
Architekt : Jochen Weinert, später Sanders &
Langmann, Hagen (heute Sanders, Wetter)

Die sieben 1-geschossigen Flachdachbungalows werden über
eine Sackgasse erschlossen.
Die Architekten entwarfen diese großzügigen, unprätentiösen
Häuser in starker Anlehnung an amerikanische Vorbilder der
Nachkriegszeit. Die fast geschlossenen Fassaden wenden sich
von der Straße ab und öffnen sich zu einem schwer
einsehbaren Innenhof.
Wandhohe Fenster und Türen unterstützen die Eleganz der
großzügigen Wohnungen auf flexiblen Grundrissen.

Objekt Nr.: 107
Cuno-Berufsschule
HA-Mitte, Bergstr. 80/Viktoriastr. 2

Baujahr : 1955/57
Architekt : Edward Zeschke, Bonn/Adam Wiehl, Hagen

Der Schulkomplex wird durch zwei versetzt hintereinander
stehende Baukörper mit einer 1-geschossigen, geschlossenen
Eingangshalle, die auch als Pausenhalle genutzt wird, gebildet.
Die Gebäude leben von dem Kontrast der unterschiedlichen
Materialien. Die flächige, kompakte Wirkung der Giebelseiten
aus gelblichem Klinker steht im Gegensatz zu der offenen,
durchlässigen Wirkung der Vorderseiten mit ihren großflächigen Verglasungen.
Die großzügigen, horizontalen Fensterbänder an den Haupt-
schauseiten haben durch die Anbringung von Sonnenblenden
ihre filigrane Wirkung eingebüßt.
Im gesamten Gebäude sind viele, originale Details wie das
Wandmosaik von Emil Schumacher (s. Abb.) oder die Außen-
lampen im „Sputnik Design" erhalten.

Vor dem Schulgebäude stehen zwei Plastiken:
Die Bronzeplastik mit dem Titel „Lehrer und Schüler" ist von
K. Schwippert aus Münster; die Muschelkalkplastik „Jüngling"
wurde von H. Holthaus aus Hagen entworfen.

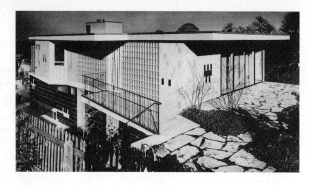

Objekt Nr. 108/109
2 Einfamilienbungalows
Ehem. Breuer und Dr. Wolff, heute Olbrich und Dr. Küppers
HA-Wehringhausen, Stadtgartenallee 2 und 4

Baujahr : 1955-57
Architekt : Heinz Rasch, Wuppertal

Heinz Rasch, 1902 in Berlin geboren, ist einer der wenigen
noch lebenden Protagonisten der modernen Architektur des
20. Jahrhunderts.
Anfang der 20er Jahre erregte er durch seine Entwürfe für
Möbel und für das Hängehaus Aufmerksamkeit.
Rasch baute in Hagen insgesamt drei Wohnhäuser, ein
weiteres war in Planung, kam jedoch durch den frühen Tod des
Bauherrn nicht zur Ausführung.
Zu Hagen hatte Rasch durch seine Freundschaft mit dem
Ehepaar Christian Rohlfs und seinem Lehrer Prof. Vetterlein,
dem Erbauer des Hagener Stadttheaters (Objekt Nr.: 63), eine
besondere Beziehung. Willi Baumeister, Henry Moore und
Oskar Schlemmer zählten zu seinen engsten Freunden. Durch
die Vermittlung Mies van der Rohes, den er in Berlin in den
20er Jahren durch den Architekten Erich Mendelsohn
kennenlernte, erhielt Rasch den Auftrag zur Errichtung eines
Wohnhauses für das Ehepaar Breuer. Auf Breuers Wunsch
hatte der in den USA lebende Architekt Mies van der Rohe
bereits einen Entwurf gemacht, der jedoch aus Kostengründen
nicht realisiert werden konnte.
Rasch mußte bei seinen Planungen das extrem fallende
Baugelände berücksichtigen. So entstand ein weiß verputzter
Bungalow in Stahlskelettkonstruktion, dessen Vorder- und
Rückseite großflächig verglast ist. Um die schlauchförmige
Form der tiefen Räume zu mindern, wurde eine Außenwand
schräg gestellt, was den weiten Ausblick in das Tal unterstützt.
Bei dem nebenstehenden, ähnlich konzipierten, ehem. Haus
Dr. Wolff, das ein Jahr später realisiert wurde, ist dieses Prinzip
fast zur Fächerform ausgeweitet worden. Das Innere beider
Häuser wurde durch raumhohe Türen und den durchgängigen
Belag mit Solnhofener Platten (im Haus Dr. Wolff noch
erhalten) bestimmt.
Obwohl sich beide Gebäude sehr ähneln, wurde das Haus von
Dr. Wolff durch zahlreiche Details individuell auf den Bauherrn
abgestimmt. Hierzu zählt auch die mit Fliesen verkleidete
Außenfassade, die auf Wunsch Dr. Wolffs entstand. Die
Fliesengestaltung übernahm der Sohn des Architekten, u.a sind
die Sternenbilder der Familie Wolff dargestellt.
Ist das Haus Breuer durch zahlreiche Umbauten sowie durch
einen Anbau verändert, präsentiert sich das ehem. Haus Dr.
Wolff nahezu in seinem Originalzustand.
1963 errichtete der Architekt in Hagen-Berchum (Ergster Weg
45a) für die Familie Vollmers sein letztes Bauwerk, einen
ebenerdigen, weiß verputzten Winkelbungalow mit Flachdach.
Das Prinzip der fließenden Räume hat der Architekt hier
perfekt umgesetzt. Auch dieses Wohnhaus befindet sich noch
im Originalzustand.

Objekt Nr.: 110
Ehem. Frauenklinik
HA-Eppenhausen, Berchumer Str. 3-5

Baujahr : 1957
Architekt: Alfred Ludwig, Dortmund

Als Privatklinik gegründet, wurde das Gebäude 1967 nach
einem Um- und Erweiterungsbau durch den Hagener
Architekten Kohlhage vom Allgemeinen Krankenhaus der Stadt
Hagen übernommen.
Der Komplex ist ein gelungenes Konglomerat unter-
schiedlichster Architekturströmungen. Der Architekt vermischte
das kubisch-horizontale Prinzip der 20er Jahre mit
beschwingten Zitaten der 50er und den Formen des
organischen Bauens, das seit Hugo Häring (1882-1958) die
Architektursprache beeinflußt. So entstand auf einem
unregelmäßigen Grundriß ein spannungsreicher Baukörper.
Durch den Neubau für das Allgemeine Krankenhaus an der
Buscheystraße ist die Nutzung des Komplexes an der
Berchumer Straße ungewiß.

Objekt Nr.: 111
Wohnhaus
HA-Mitte, Karl-Halle Str. 52

Baujahr : 1957/58
Architekt: Hans Schenten, Hagen

Weißer Kubus mit Flachdach. Die Vorderfassade wird durch das
dialektische Spiel zwischen Geschlossenheit im
Obergeschoß und Offenheit im Untergeschoß bestimmt.
Die Rückfassaden sind großflächig verglast und öffnen sich
zum Garten hin. Deutlich erkennbar die Weiterführung der
modernen Strömungen der 20er Jahre in Verbindung mit
Gestaltungsschwerpunkten der 50er Jahre. Dies spiegelte sich
ursprüngl. besonders in der Gestaltung des Eingangsbereiches
wider, der 1995 nachhaltig verändert wurde.

Objekt Nr.: 112
„Gartenvorstadt Emsterfeld"
HA-Emst, Gebiet zwischen Emster Str./Cunostraße/Karl-Ernst-
Osthaus Straße/Haßleyer Str.

Baujahr : 1958-1967
Architekt : 1. Bauabschnitt Prof. Brandi, Göttingen
          2. und 3. Bauabschnitt Prof. Dr. Dr. May, Hamburg
          Weitere Architekten: Knipping/Kohlhage/Niemer/
          Wiehl, Hagen und Westtreubau Gesellschaft

Die in drei Bauabschnitten fertiggestellte Gartenvorstadt
Emsterfeld zeigt auch heute noch deutlich die Leitgedanken
der Stadtplanung in den 1950/60er Jahren. Auf einem
großzügigen Areal entstanden unterschiedlichste Wohnhäuser:
vom Wohnhochhaus mit 104 Appartements über drei
8-geschossige Mietwohnblöcke bis hin zum Einfamilien-
reihenhaus. Die Gebäudezeilen sind in großen, zum Teil
anonym erscheinenden Grünzonen angeordnet.
Die Ausrichtung der Wohnräume nach Süden als planerisches
Ziel wurde weitestgehend realisiert. Insgesamt entstanden
1.350 Wohneinheiten und ein Einkaufszentrum.

Besonders erwähnenswert ist die Wohnanlage (s. Abb.).
Am großen Feld Nr. 10-28 („Bananensiedlung"). Sie wurde
1959/60 von W. Niemer (Hagen) im Auftrag des Wohnungs-
vereins Hagen entworfen. Die Wohnanlage umfaßt sieben
gleichmäßig aufgereihte Wohnblöcke auf jeweils ab-
gewinkeltem Grundriß. Über dem entstandenen Winkel erhebt
sich der Treppenhauskomplex, der die 4-geschossigen
Gebäudeflügel überragt. Das flachgeneigte Pultdach, die
Laubengänge und die Loggien unterstützen die
neofunktionalistische Gestaltung der Gebäude. Ursprüngl. hell
verputzt, wurden die Gebäude 1980 mit Schiefer verkleidet
und verloren somit viel von ihrer einstigen Leichtigkeit.

Objekt Nr.: 113
Evang. Luther Kirche
HA-Mitte, Hindenburgstr. 6

Baujahr : 1960/62
Architekt : Gerhard Langmaack, Hamburg

Kirchenschiff mit eigenwilliger organischer Formgebung und kontrastierendem, rechteckigem Turm, dessen Kern aus der alten Turmruine des neugotischen Vorgängerbaus (im 2. Weltkrieg zerstört) besteht.
Durch eine Vorhalle gelangt man in den eigentlichen Kirchenraum, der seine Prägung durch die von Karl Hellwig (Haßlinghausen) entworfenen Kirchenfenster seitlich des Altars erhält. Die geschwungene, braune Holzdecke steht im Gegensatz zum hellen Kirchenraum.

Objekt Nr.: 114
Ehem. Staatliche Ingenieurschule für Maschinenwesen, heute Märkische Fachhochschule
HA-Emst, Feithstraße/Haldener Straße

Baujahr : 1960/63
Architekten : Prof. Tritthart, Dr. Rosskothen, Düsseldorf

Gebäudeanlage aus differenzierten Baukörpern, die nach dem Prinzip der Verschachtelung miteinander verbunden sind. Der auf Stützen stehende Unterrichtstrakt wird durch horizontale Fensterbänder gegliedert. Die Außenwandgestaltung der Aula aus Aluminiumguß entwarf Rolf Crummenauer aus Duisburg. Vor dem Gebäude stehen zwei Bronzeplastiken: „Aufsteigend" von Waldemar Wien (Kierspe) und „Gesprächsgruppe" von S. Erdmann (Dortmund).

Die Schule wurde Mitte der 90er Jahre renoviert und erhielt u.a. eine neue Farbgebung.

Objekt Nr.: 115
Ehem. Hauptpostamt, heute Deutsche Post AG Niederlassung
Briefpost
HA-Mitte, Berliner Platz/Graf-von-Galen-Ring

Baujahr : 1961-70
Architekt : Oberpostdirektion Dortmund

Der Neubau wurde an gleicher Stelle wie das 1908 errichtete
und im Krieg zerstörte Postamt erbaut. Für die Wahl des
Standortes war die unmittelbare Nähe des Hauptbahnhofes
sowie die zentrale Stadtlage ausschlaggebend.
Bei dem Neubau handelte es sich um das Postamt und den auf
der gegenüberliegenden Seite ausgeführten Postbahnhof.
Beide Gebäude sind durch eine Förderbrücke miteinander
verbunden worden. Heute wird der Postbahnhof nicht mehr
genutzt. Die Gebäudekörper am Berliner Platz und am Graf-
von-Galen-Ring sind so konzipiert, daß sie einen quadratischen
Innenhof bilden. Der 7-geschossige Baukörper am Berliner
Platz ist zentraler Mittelpunkt des Gebäudeensembles und wird
durch die am Haupteingang von Prof. Willy Weller (Köln)
angebrachte Betonplastik zusätzlich pointiert. Die in Stahlbeton
erstellten Baukörper sind teilweise mit einer Leichtmetall-
fassade verblendet worden. Das Gebäude ragt am Graf-von-
Galen-Ring in den Bürgersteigbereich hinein, wirkt jedoch, da
es auf zierlichen Stützen steht, leicht und transparent.
Über eine Umnutzung des Gebäudes wird zur Zeit verhandelt.

Objekt Nr.: 116
„Finnenhaussiedlung"
HA-Haspe, Am Quambusch 11-43

Baujahr : 1962/63
Architekt : Heikki Siren/Kaija Siren, Helsinki

Die von der Hagener Gemeinnützigen Wohnungs-
baugesellschaft m.b.H. für kinderreiche Familien erstellte
Wohnsiedlung wurde nach kurzer Zeit privatisiert. Die Häuser
bestehen aus vorgefertigten Teilen, die aus Helsinki angeliefert
wurden.
Die 24 Reihenhäuser mit zurückliegenden Eingängen haben
Flachdächer und sind leicht versetzt angeordnet. Horizontale
Fensterbänder prägen die 1-geschossigen Vorderseiten der
Gebäude. Das variable, offene Raumgefüge war eine neue
Konzeption für das Wohnen Anfang der 60er Jahre.
Trotz Veränderungen, wie z.B. der Ersatz der dunklen
Holzverkleidungen durch Kunstschiefer, ist der ursprüngl.
Charakter der Siedlung erhalten geblieben.

Objekt Nr.: 117
Bungalow Bergmann
HA-Emst, Am Waldesrand 72

Baujahr : 1963
Architekt : Horst Bergmann, Hagen

In dem flachgestreckten Einfamilienbungalow sind deutlich die Strömungen amerikanischer Wohnhauskultur der 1940er und 1950er Jahre zu erkennen. Der Wohnbereich im Obergeschoß schiebt sich aus der Hangkante heraus und wurde ursprüngl. von freistehenden Pfeilern getragen. 1979 fügte der Architekt hier Büroräume ein. Die südwestliche Fassade ist vollständig verglast, so daß eine großzügige und lichte Raumkonzeption das Innere des Hauses bestimmt. In näherer Umgebung befinden sich weitere Gebäude ähnlichen Types.

Objekt Nr.: 118
Wohn- und Geschäftshaus
HA-Mitte, Eduard-Müller-Str. 2

Baujahr : 1963/64
Architekt : Hans Wenig, Hagen

Die zwei rechteckigen Gebäudekuben mit Flachdach sind versetzt hintereinander angeordnet und durch einen Mitteltrakt verbunden. Ist die horizontal gegliederte Fassade des ersten Kubus als Curtainwall im Kontrast von Glas und Edelstahl gestaltet, erhält der zweite Kubus seine Wirkung durch das vertikale, geschoßübergreifende Glasfenster. Das Konzept ist eine gelungene Lösung für die Trennung von Arbeiten und Wohnen.

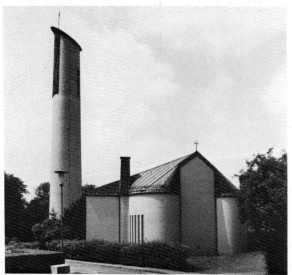

Objekt Nr.: 119
Evang. Markuskirche
HA-Ischeland, Rheinstr. 26

Baujahr : 1963/65
Architekt : Gerhard Langmaack, Hamburg

Hallenbau auf asymmetrischem, herzförmigem Grundriß. Den röhrenförmigen Glockenturm krönt ein Flügellöwe, der seit dem 4. Jh. als Symbol des Evangelisten Markus gilt. Der Innenraum wird durch die geschwungene Holzdecke und die von dem Künstler Rudi Vombek (Hagen) entworfenen sechs Hauptfenster, die Themen aus dem Markusevangelium darstellen, geprägt.
Das Vorbild dieser Kirche war die 1953/55 erbaute St. Matthäus Kirche in München (Architekt: G. Gsaenger), deren „organischer" Grundriß in vielen Kirchen der 60er Jahre wieder angewendet wurde.

Objekt Nr.: 120
Wohnsiedlung „Gartenvorstadt Helfe"
HA-Helfe, Bereich zwischen Pappelstraße/Helfer
Straße/Buschstraße

Baujahr : Baubeginn 1964
Architekten : Gentgen/Niemer/Schenten/ Krug/van der
Minde, Hagen
Bebauungsplan : Städteplaner/Architekten Höltje und Funke,
Dortmund

Demonstrativbauvorhaben des Bundesministeriums für
Wohnungswesen, Städtebau und Raumordnung.
Insgesamt wurden 1.500 Wohnungen erstellt, davon 56
Wohneinheiten in 1- und 2-geschossigen Eigenheimen, die
restlichen Wohneinheiten in Mietswohnhäusern mit 4-10
Geschossen. Das Erschließungssystem trennt den Fahrverkehr
von den Fußgängerwegen, entsprechend dem städtebaulichen
Konzept für die Neuanlage von Siedlungen. Zwei Bachläufe,
die sich durch einen Abschnitt der Siedlung ziehen, bilden
einen Teil des öffentlichen Grüns.
Die aus Fertigelementen für drei verschiedene Wohntypen-
häuser errichteten Ein- und Zweifamilienhäuser mit
Flachdach bilden einen wichtigen Teil der Siedlung. Diese
sogenannten Containerbauten sind typisch für die Architektur
der 60er Jahre (s. Abb.).
Die Versorgung erfolgt durch ein eigenes Heizwerk. Zu der
Gartenstadt gehören Einkaufszentrum, Schulkomplex und
Kindergärten.
1975/76 kam zu den o.g. Einrichtungen das evang. und kath.
Kirchenzentrum Jakobus und St. Andreas hinzu. Die
Architekten Funke aus Dortmund und Krug & van der Minde
aus Hagen entwarfen einen Komplex mit stark prägender,
plastischer Dachlandschaft. Das Innere beherbergt den kath.
und evang. Kirchenraum sowie gemeinsame Räume beider
Konfessionen.

Die Siedlung wurde in mehreren Bauabschnitten nach und
nach verdichtet, so z.B. durch die an den äußeren Rand
gesetzten, 7-22-geschossigen Wohnhäuser.

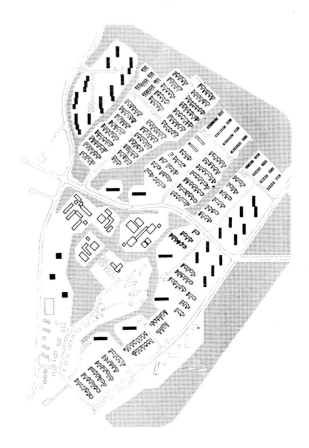

Objekt Nr.: 121
Evang. Matthäus Kirche
HA-Eppenhausen, Lützowstr. 118

Baujahr   : 1964/65
Architekt: Hübotter/Ledeboer/Busch, Hannover
Realisierung eines Wettbewerbes

Kirchenschiff und Gemeindehaus sind zu einem kubischen
Komplex zusammengefaßt, deren Glockenturm mit einem tief
heruntergezogenen, kupferbeschlagenen Helm bekrönt ist.
Zum Kirchenschiff, das 2,50 Meter tiefer als der Eingang liegt,
führt ein geschlossener Gang mit kleinen Betonglasfenstern,
die in die Backsteinmauern eingelassen sind (Rudi Vombek,
Hagen). Das Flachdach wird von sechs Stahlbetonbalken
getragen, deren zwölf Balkenköpfe symbolhaft darstellen, wie
das Evangelium Christi die ganze Welt umschließt (Bildhauer:
Siegfried Zimmermann, Hannover).

Objekt Nr.: 122
Rundsporthallen
HA-Hohenlimburg, Königsberger Str. 1, Baujahr: 1966
HA-Eilpe, Selbecker Str. 75, Baujahr: 1971
HA-Haspe, Kölner Str. 50, Baujahr: 1971

Architekt: Georg Flinkerbusch, Hagen

Der Entwurf wurde innerhalb Deutschlands 31mal verwirklicht
sowie in Wien und Amstetten (Österreich).
Auch die Olympiabasketballhalle in München (1972) ist nach
demselben Prinzip erstellt worden. Die Stahlbeton-
skelettkonstruktion auf kreisrundem Grundriß wurde als
Fertigbausystem konzipiert. Das tragende Skelett ist außen
sichtbar und ermöglicht im oberen Bereich eine durchgängige
Verglasung, so daß der lichtdurchflutete Innenraum der Halle
einen großzügigen Eindruck erhält. Das Innere ist nach Bedarf
teilbar. Das Anfang der 90er Jahre erkannte Asbestproblem
der Hallen wird derzeit durch umfangreiche Sanierungsarbeiten
behoben.

Objekt Nr.: 123
Tankstelle
HA-Mitte, Holzmüllerstr. 5

Baujahr   : 1968/69
Architekt: W. Moraw, Duisburg

Ehemals häufig anzutreffende Architekturgestaltung für Bauten
des Verkehrs in den 60er Jahren. Durch zahlreiche Abrisse und
Umgestaltungen in den letzten Jahren ist es jedoch ein selten
gewordener Tankstellentyp.
Die aus Spritzbeton hergestellten, „pilzförmigen" Dachscheiben
werden von schlanken Säulen getragen und sind überlappend
gruppiert. Das separate Kassenhaus mit Reparaturwerkstatt ist
funktional mit Fliesen verkleidet.

VI. Die 70er und 80er Jahre

Die Architekturauffassung der 70er und 80er Jahre weist eine Vielzahl von Strömungen und Tendenzen auf, die durch unterschiedlichste Ursachen bestimmt wurden.

Mit der in den 60er Jahren zunehmenden Ausrichtung der Verkehrsplanung in den Innenstädten auf das Auto nahm die „Unwirtlichkeit" der Stadtzentren zu. Die Verlagerung auf ein reines Waren- und Dienstleistungsangebot in den Zentren führte dazu, daß die Bevölkerung auf das Land drängte. Der junge, gehobene Mittelstand zog in Einfamilienhäuser an die Ränder der Gemeinden, während für die sozial schwächeren Schichten riesige Wohnquartiere errichtet wurden. Die Bebauung in Hagen-Brockhausen ist ein eindrucksvolles Beispiel aus dieser Zeit. Noch Mitte der 80er Jahre wurden täglich 165 Hektar Land aufgegeben, um Einfamilienhäuser und Wohnsiedlungen zu errichten.

Durch die Verkehrsmisere in den Innenstädten entstanden außerdem nach amerikanischem Vorbild an der Peripherie große Einkaufszentren, die wiederum die Infrastruktur der Stadtkerne schwächten.

So wurde Ende der 70er/Anfang der 80er Jahre der Ruf nach Revitalisierung und Attraktivierung der Innenstädte laut. Erste Maßnahme waren die Verbannung des Autos und die Errichtung von Fußgängerzonen in Erinnerung an das Flanieren der Jahrhundertwende. Damit verbunden war auch die konsequente Modernisierung der Architektur. „Sanierung" hieß das neue Schlagwort. Es entstand eine Vielzahl von Warenhäusern mit firmenspezifischer Außengestaltung. Die historischen Fassaden von bestehenden Kaufhäusern wurden zerstört oder mit Metall verkleidet (Objekt Nr.: 156). Hausbesitzer erhielten Zuschüsse, um ihre Häuser vom Stuck zu befreien und zu modernisieren. Die Denkmalpflege versäumte in dieser Zeit, den Begriff des Denkmals neu zu definieren. Es entbrannte jedoch eine heftige Diskussion, die mit der Einführung des kommunalen Denkmalschutzgesetzes (in NRW 1981) endete und damit auch die bürgerlichen Bauten, Arbeitersiedlungen und Produktionsstätten als erhaltenswerte Zeugen vergangener Epochen anerkannte.

Um die Konjunktur auf dem Bausektor voranzutreiben, wurde die Ästhetik der Immobilie als werbewirksames Mittel erkannt. Adressat und Finanzier des modernen Bauens war der neue Mittelstand. Es entstanden Bauträgergesellschaften, die nach dem Prinzip des Bauherrenmodells Anfang der 80er Jahre Wohnraum schufen. In Hagen sind die Bauten im Bereich „Felsental" und „Am Waldesrand" (Objekt Nr.: 134) der Wohnungsbau Verwaltungsgesellschaft (BVG) weithin sichtbarer Ausdruck dieser Wohnraumerschließungskonzepte. Vor allem änderte sich jedoch der ästhetische Anspruch an das Einfamilien- oder Reihenwohnhaus. Das Wohnhaus wurde zum wichtigen Repräsentativ- und Identifikationsobjekt. Es entstanden ausdrucksstarke Formen, die unterschiedlichsten Architekturansprüchen unterlagen. Der Architekt Adolf Zamel gehörte zu jener Gruppe von Planern, die die vorhandene Geländeform als gestaltungsbestimmendes Merkmal übernahmen. Er paßte seine Terrassenhäuser (Objekt Nr.: 126 und 130) dem fallenden Gelände an und schuf durch variable Raumgestaltungen und collageartige Materialvielfalt sehr eigenwillige Bauten, wobei der nackte Beton eine große Rolle spielte. Anfang der 80er Jahre setzte sich auch in Deutschland die postmoderne Architektur durch, spätestens seit dem Bau der Württembergischen Staatsgalerie in Stuttgart von James Stirling.

In Hagen findet man diese Architekturrichtung in gemäßigter Form an der Eppenhauser Straße. Der Architekt der Reihenhaussiedlung „Die Arche" (Objekt Nr.: 131) zitierte zwanglos historische Gestaltungselemente, die er mit modernen Ansprüchen mischte.

Die Internationale Bauausstellung 1984/87 in Berlin bereicherte die pluralistische Architekturdebatte zusätzlich. Ein Thema war zum Beispiel der ökologisch orientierte Wohnungsbau. Um den Verlust der Landschaft, der durch die zunehmende Bebauung der Randgebiete entstand, zu mindern, wurden viele Siedlungen auf der Grundlage von Plänen konzipiert, die von Landschaftsplanern entworfen wurden. So sind beispielsweise die Begrünung der Innenhöfe und die großen Balkone wichtige Elemente der Siedlungen in der Baurothstraße (Objekt Nr.: 137) und der Bebauung Klosterviertel (Objekt Nr.: 138).

Viele Planer adaptierten auch die modernen Baustile der 20er und 50er Jahre. Das Dortmunder Architekturbüro Heinrich und Wörner entwarf z.B. in Boelerheide ein Altenheim, dessen Konzept an die theosophische Lehre von Rudolf Steiner erinnert.

Der Hochhausbau entwickelte seine eigene Ästhetik. Auf den Filetstücken der Innenstädte (Objekt Nr.: 125 und 133) wuchsen sie maßstabsprengend in die Höhe, um das geringe Raumangebot optimal zu nutzen. Letzteres galt auch für die Hochhausbauten am Rande der Kommunen, wie z.B. die Bebauung des Hohenlimburger Bauvereins in Hagen-Elsey „Am Berge".

Die Architektur der 70er und 80er Jahre wurde auch mit dem Begriff „Neue Prächtigkeit" umschrieben. Mit heutigen Maßstäben gemessen, erscheinen uns jedoch viele dieser Bauten zu überdimensional und wenig sensibel im Umgang mit den städtebaulichen, historischen und topographischen Gegebenheiten.

Objekt Nr.: 124
Mehrfamilienhaus
HA-Selbecke, Zur Höhe 72

Baujahr : 1970/71
Architekt: Magdalene und Peter Hoff, Hagen

Der 3-geschossige, weißverputzte, kubische Baukörper mit
Flachdach steht in der Tradition der Bauhausarchitektur.
Wegen der starken Hanglage wurde die Bergseite
1-2-geschossig und die Talseite 2-3-geschossig ausgeführt und
durch Betonstützmauern und Terrassenflächen gegliedert. Die
Vorderfassade wird durch Fenster unterschiedlichster Formate
sparsam aufgelockert. Die Rückseite bietet mit ihrer
großflächigen Verglasung einen weiten Ausblick in das Tal. Das
Flachdach wird zum Teil als Dachgarten genutzt. Der Zuschnitt
der Grundrisse erlaubt nicht zuletzt durch die Treppen, die die
Wohneinheiten verbinden, eine Vielzahl von Raum-
kombinationen. Das Gebäude ist in Hagen ein seltenes Beispiel
für die Wiederaufnahme der Bauhausarchitektur in
den 70er Jahren.

Objekt Nr.: 125
Sparkasse Hagen
HA-Mitte, Körnerstr. 24

Baujahr : 1975/76
Architekt: Karl Heinz Zernikow, Hagen

Die 1841 in Hagen gegründete Sparkasse stellt bis heute einen
bedeutsamen Wirtschaftsfaktor für Hagen dar. Nach zwei
Vorgängerbauten ist das Hochhaus der dritte Sparkassen-
neubau im Stadtzentrum.
Das erste Gebäude, 1915 vom Stadtbaurat Figge an der
Körnerstraße/Badstraße entworfen, wurde im Krieg stark
beschädigt und später abgebrochen. Teile aus dem
Schmuckgesims stehen heute u.a. vor dem Sparkassen-
hochhaus. Der zweite Neubau, 1950/52 von Prof. Fritz
Norkauer (München) errichtet, wird heute weiterhin als Kassen-
und Schalterraum genutzt. Die 98m hohe und 20 Geschosse
umfassende Hochhausscheibe ist ein weithin sichtbarer,
städtebaulicher Bezugspunkt. Zu seiner Entstehungszeit sorgte
der Neubau für viel Aufsehen; nicht zuletzt durch seine Höhe,
die das Stadtgefüge bis heute durchbricht. Das Streben nach
Leichtigkeit und Transparenz erreichte der Architekt durch die
Aluglasvorhangfassade (Curtain Wall), die dem Gebäude den
Ausdruck der Schwerelosigkeit verleiht. Die Fensterfläche
besteht aus Sonnenschutzglas, die Brüstungsgläser sind grün
getönt. Ein geplanter, niedriger Vorbau mit identischer Fassade
kam nicht zur Ausführung.
Deutlich erkennbar ist der Einfluß des New Yorker
Verwaltunghochhauses der Lever Brother Company. Es wurde
1951/52 von dem Architekturbüro Skidmore/Owings/Merrill
errichtet und gilt als Prototyp der Alu-Glas-Curtain-Wall-
Konstruktion.

Objekt Nr.: 126
Terrassenhaus
HA-Emst, An der Egge 16

Baujahr : 1973
Architekt : Adolf Zamel, Wetter

Das Hanggrundstück mit Ausblick auf das Volmetal wurde mit einem für diese Topographie idealen Wohnhaustyp bebaut. Das Terrassenhaus hat insgesamt sechs Wohnungen, die entsprechend der Rückstaffelung differenzierte Grundrisse aufweisen. Die funktionale Ausführung in Sichtbeton unterstützt die plastische Wirkung des streng gegliederten Baukörpers. Die zur Straße geschlossene Wirkung des Gebäudes wird durch unterschiedlichste Fensterlösungen aufgelockert. Im Garten wurde ein gemeinschaftlich genutztes Schwimmbad realisiert. Trotz des „kalten" Baumaterials fügt sich das Haus nicht zuletzt durch die weit in das Tal vorgeschobenen, horizontal geschichteten Terrassen in die Landschaft ein. Das nebenstehende, kleinere Terrassenhaus mit drei Wohneinheiten „An der Egge 16A" stammt ebenfalls vom Architekten Zamel.

Objekt Nr.: 127
Gesamtschule
HA-Boele, Am Bügel 20

Baujahr : 1973-75
Architekten : B. van der Minde/M. Krug/H. Wenig, Hagen

Der weiträumige Schulkomplex mit angegliederter Sportstätte ist in Stahlskelettbauweise errichtet. Die kubischen Baukörper sind in mehreren Stufen dem ansteigenden Gelände angepaßt und innen wie außen mit einem Farbkonzept versehen (Künstler: Rudi Vombek, Hagen). Den Mittelpunkt der Schule bildet das pädagogische Zentrum mit ca. 800 Sitzplätzen, das zugleich als Eingangsbereich, Pausenzentrum und Aula genutzt wird. Die Außenanlagen entwarf die Hagener Künstlerin Eva Niestrath-Berger zusammen mit dem Gartenarchitekten W. Paar. Die Bronzeplastik im Innenhof der Verwaltung ist von W. Wien (Kierspe). Südlich der Schule steht eine Edelstahlplastik mit dem Titel: „Makrogern-Hagen" (Künstler: K. L. Schmalz, Düsseldorf).

Objekt Nr.: 128
Fernuniversität Hagen
HA-Mitte, Feithstr. 140

Baujahr: 1976-1979 (Gebäude AVZ I)
         1984-1986 (Gebäude AVZ II)
         1994 - 1996 (Gebäude Elektrotechnik)
Weiterer Bauabschnitt für 1996 geplant
Architekt: Bruno Lambert und Partner, Ratingen

Nachdem 1974 das „Errichtungsgesetz" im Landtag
verabschiedet wurde, entstand in Hagen die bundesweit
einzige Fernuniversität. Die ursprüngl. dezentrale
Unterbringung gilt bis heute.
Das große, ansteigende Gelände an der Feithstraße wurde
1974 nur im oberen Teil bebaut. Das errichtete AVZ I stellt
somit in der städtebaulichen Gesamtkonzeption des
Fernuniversitätskomplexes den Mittelpunkt dar.
Der 2. Bauabschnitt 1984 (AVZ II) konnte aus Kostengründen
nicht so errichtet werden, wie es von dem Ratinger
Architekturbüro ursprüngl. vorgesehen war. Der Bau nimmt
sich mit seinen sehr geschlosssenen Wandflächen und der
geringen Kubatur hinter dem konstruktivistisch gestalteten,
6-geschossigen Hauptbau aus den 70er Jahren sehr zurück.
Die derzeit entstehenden und zukünftigen Bauten sind der
heutigen Architektursprache entsprechend konzipiert, nehmen
jedoch in Materialwahl und Anordnung Rücksicht auf die
vorhandene Bebauung. Der geschwungene Baukörper der
Elektrotechnik umfaßt den Platz vor dem Haupteingang und
begrenzt die fußläufige Anbindung von Süden her . Die
Anbauten an der konvexen Seite des Neubaus greifen
fingerartig in die Landschaft ein. Der Komplex bleibt auf dem
ansteigenden Gelände durchgängig 3-geschossig.
Das Gebäudeensemble ist 1994-96 durch den Neubau des
Technologie- und Gründerzentrums (Objekt Nr.: 164) ergänzt
worden.

Objekt Nr.: 129
Westfälisches Freilichtmuseum Hagen
Landesmuseum für Handwerk und Technik
HA-Selbecke, Mäckingerbachtal

Eröffnung: 1973

Bereits 1960 beschlossen, wurde das Freilichtmuseum Technischer Kulturdenkmale 1973 eröffnet. Es gehört zu den sechs Landesmuseen des Landschaftsverbandes Westfalen - Lippe.
Planungen des Hagener Heimatforschers Wilhelm Claas aus den 1920er und 30er Jahren sind teilweise in das Museumskonzept aufgenommen worden.
Hauptaufgabe des Museums ist es, die Geschichte des Handwerks und der Technik in Westfalen und der angrenzenden Region zu dokumentieren. Der Zeitraum zwischen dem ausgehenden 18. Jh., mit seinen ländlichen und städtischen Handwerksbetrieben, bis zum Beginn der Hochindustrialisierung wird umfassend dargestellt.
Aus Hagen und dem näheren Umkreis wurden zahlreiche, vom Abriß bedrohte Gebäude in das Freilichtmuseum transloziert und dort wieder aufgebaut.
Nachfolgend sind nur einige Beispiele der rund 50 Gebäude genannt, mit deren Konservierung im Freilichtmuseum auch ein Teil der vielfältigen Architekturgeschichte dieser Produktionszweige anschaulich erhalten bleibt.
Das prächtige Rathaus der Stadt Neunkirchen, Mitte des 18. Jh. errichtet, wird seit 1983 als Deutsches Schmiedemuseum genutzt. Das Renteigebäude aus Sümmern, Ende des 18./Anfang des 19. Jh. erbaut, dient heute als Ausstellungsgebäude. Der Postgasthof, Ende des 18. Jh. errichtet, wurde bereits 1968 wieder aufgebaut.

Objekt Nr.: 130
3 Einfamilienhäuser
HA-Holthausen, Weißensteinstraße

Baujahr : 1974
Architekt : Adolf Zamel, Wetter

Die terrassenartige Bauweise nimmt das abfallende Gelände auf. Der gesamte Komplex bildet eine homogene Einheit, da die Fassaden aller drei Häuser durch eine collageartige Materialvielfalt aus Beton, rotem Klinker, Holz und Glas bestimmt werden. Vor- und zurückspringende, kubische Elemente geben das innere Raumgefüge wieder. Die Gebäude sind ein qualitätvolles Beispiel für die selbstbewußte Architektur der 70er Jahre.
Im vergangenen Jahr wurde ein Haus stark verändert.

Objekt Nr.: 131
Reihenhaussiedlung, „Die Arche"
HA-Eppenhausen, Eppenhauser Str. 161 a-p

Baujahr : 1978/79
Architekt : Detlef Grüneke & Partner, Herdecke

Die fünfzehn 3-geschossigen Reihenhäuser mit Tiefgarage
sind in Form eines Hufeisens angelegt. Der Innenhof liegt nicht
wie meist üblich von der Außenwelt abgeschirmt, sondern
öffnet sich zur Straße. Der von den Bewohnern
gemeinschaftlich genutzte Bereich mit Holzpavillon und
Grillstelle wird seitlich über eine Zufahrt und einen Fußweg
erschlossen. Bei den Planungen wurde auf die vorhandene
Bruchsteinmauer an der Eppenhauser Straße Rücksicht
genommen. In ihrer Gestaltung mit umlaufenden, hohen
Balkonbrüstungen und den Türmchen an den Eckpunkten
erscheint die Siedlung als eine Reminiszenz an burgenähnliche
Anlagen.

Objekt Nr.: 132
Stadthalle
HA-Emst, Wasserloses Tal/Volmestraße

Baujahr : 1978-81
Architekt : Prof. Eckhard Gerber, Dortmund;
         Hartwig Brettschneider/Sigrun Dechêne, Hagen;
         Dierk Stelljes, Meschede

Die ehem. Stadthalle von Ewald Figge, 1914 an der Springe
erbaut, wurde 1944 im Krieg stark beschädigt und trotz einer
Spendeninitiative für den Wiederaufbau 1951 abgerissen.
Nach langen Verhandlungen beschloß man 1974 endgültig
den Neubau im Eingangsbereich des Wasserlosen Tales.
Die ungewöhnliche Lage in einem ehem. Steinbruch haben die
Architekten in die Konzeption des Gebäudes aufgenommen.
So wählten sie zum einen konstruktivistische Elemente wie
Curtain Walls, Stahlprofile und Sichtbeton als Kontrast „Natur-
Architektur" und zum anderen gaben sie dem Komplex eine
kantig gestaffelte Form als Erinnerung an den Steinbruch. Den
„Felsengarten", der zugleich auch als Freizeitbereich gilt,
gestaltete der Landschaftsplaner Georg Penker.
Die Anlage umfaßt mehrere Säle, Clubräume, Restaurants,
Freizeiteinrichtungen und einen großzügig gestalteten
Parkplatzbereich. Die Hauptschauseite mit großflächiger
Verglasung ist stadteinwärts mit Blickbeziehung zur Stadt
gerichtet.
Die Plastik an der Treppenanlage „Windsbräute" stammt von
dem Braunschweiger Bildhauer Prof. Jürgen Weber.
Im 2. Bauabschnitt entstand als sinnvolle Ergänzung ein
Hotelgebäude.

Objekt Nr.: 133
Arbeitsamt
HA-Mitte, Körnerstr. 98-100/Altenhagener Brücke

Baujahr : 1979
Architekt : Prof. Kraemer, Sieverts & Partner, Köln
　　　　　　Dr. Kammel, Hagen

Der 19-geschossige Hochhausturm ist der dritte neben dem
Sparkassenbau und dem städtischen Verwaltungshochhaus,
der die Silhouette der Hagener Innenstadt bestimmt. Den Kern
des in drei Scheiben angelegten Hochhausturmes bildet der
lange Aufzugsschacht und das Treppenhaus. Die vorgehängte
Fassade aus eloxiertem Aluminium mit schwarzer Color-
verglasung steht in strengem Kontrast zu der natursteinver-
kleideten, weitläufigen Basis, die den dreieckigen Grundriß
des Turmes variiert.
Ähnlich wie bei dem Hagener Arbeitsamt wurden u. a. auch
die Aluminiumglasfassaden des Bomin-Hauses in Bochum, des
Thyssenhochhauses in Düsseldorf sowie des Rathauscenters in
Ludwigshafen gestaltet. Bis heute hat sich die schon 1951/52
in den USA erstmalig verwendete Curtain-Wall-Konstruktion
aus Aluminium und Glas bei Verwaltungshochhausbauten nicht
zuletzt wegen ihrer extremen Leichtigkeit und Haltbarkeit
bewährt.

Objekt Nr.: 134
Wohnbebauung Emst
HA-Emst, Bereich zwischen Felsental/Am Waldesrand

Baujahr : 1979-1996
Architekt : Meier/Zernikow/Schenten/Bergmann u.a., Hagen

Aufgrund eines umfassenden Bebauungsplans der Stadt
Hagen wurde das Gelände seit 1979 sukzessiv überbaut.
Unterschiedliche Gebäudetypen sind hier vertreten: vom
Hochhaus, über Flachdachbungalows (s. a. Objekt Nr.: 117),
Terrassenwohnhäuser bis hin zum freistehenden
Einfamilienwohnhaus. Federführender Bauherr war die BVG
(Wohnungs- und Verwaltungsgesellschaft mbH) aus Hagen.
Besonders prägnant sind die sechs Wohnhäuser mit insgesamt
54 Eigentumswohnungen „Am Waldesrand 10 a-f" von dem
Architekten Karl-Heinz Meyer, Hagen. Die Gebäude
beeindrucken durch ihre extrem kompakte Formgebung. Die
Loggien in den schrägen Wandflächen und die Flachdächer
unterstützen diesen Eindruck. Die einheitlichen Fassaden
erhalten lediglich durch ihre Eternitverkleidungen eine
strukturelle Belebung.

Objekt Nr.: 135
Altenpflegeheim St. Marien
HA-Boelerheide, Fontaneweg 30

Baujahr : 1979-1982
Architekt : Fritz Heinrich und Norbert Wörner,
　　　　　　Dortmund

Der nahezu symmetrisch angelegte Baukörper wird von zwei Vielecken bestimmt, an deren Schnittstelle der Eingang, der Aufzugsschacht und das zentrale Treppenhaus liegen. Der insgesamt 5-geschossige Bau schließt mit einem steil heruntergezogenen Walmdach ab. Die Pflegezimmer gruppieren sich kreisförmig um einen natürlich belichteten und bepflanzten Innenhof. Dadurch erhalten die Zimmer einen segmentförmigen Grundriß mit großzügigen Glasflächen an den Außenwänden. In den unteren Geschoßebenen befinden sich u.a. die Gemeinschaftsräume für die Patienten und der Personalbereich. Sowohl in der äußeren Gestaltung als auch in der Grundrißlösung erinnert der Baukörper an die theosophischen Leitgedanken von Rudolf Steiner.

Objekt Nr.: 136
**Fernmeldeamt, heute Deutsche Telekom AG,
Niederlassung Hagen**
HA-Höing, Funckestr. 41

Baujahr : 1979-1984
Architekt : Oberpostdirektion Dortmund

Der 8-geschossige Verwaltungskomplex steht auf einem 11.383 qm großen Grundstück in exponierter Lage. Die beiden scheibenartig angelegten, rechteckigen Baukörper sind durch einen gemeinsamen Kern verbunden, der als Staffelgeschoß endet. Die Fassadenstruktur des Baues wird durch die vertikalen Klinkerbänder und die horizontal ausgerichteten Fenster- und Brüstungsfelder geprägt. Die Klinkerbänder erscheinen im Erd- und 1. Obergeschoß durch den Rücksprung der Fassade als starke, tragende Pfeiler und durch die Schrägverdachung im Attikageschoß als zinnenartige Bewehrung. Das Verblendmauerwerk aus maschinengefertigten Handstrichziegeln in Kombination mit moosgrünen Aluminiumfenstern geben dem Komplex Farbigkeit. Den Eingang akzentuiert eine arkardenartige Stahl-Glas-Konstruktion. Die Wandgestaltungen im Inneren sind von Peter Sippel, Hagen. Vor dem Gebäude steht die Brunnenplastik „Natürlicher Bachlauf" von Karl-Heinz Fleischmann im Kontrast zu der strengen Architektur der Fassade.

Objekt Nr.: 137
Wohnsiedlung
HA-Helfe, Baurothstr. 53-57; 59-71;73-87

Baujahr   : 1982 und 1989/90
Architekt : Prof. Ulrich Pötter, Wuppertal

Vom Wohnungsverein Hagen in zwei Bauabschnitten mit
insgesamt 85 Wohneinheiten errichtete Siedlung.
Die steinsichtigen, hellen Außenfassaden der 2 1/2-
geschossigen Wohnhäuser werden durch grüne
Fensterrahmen akzentuiert. Die Abstände der einzelnen
Häuser schaffen großzügige Freiräume, deren intensive
Gestaltung durch den Landschaftsarchitekten Jörn Ulrich
(Iserlohn) von Anfang an bei der Gesamtkonzeption
berücksichtigt wurde. Hinzu kam die vom Bauherrn beauftragte
Begrünung der Fassaden und Balkone. Die Bereiche zwischen
den Häusern werden von den Bewohnern als Aufenthalts- und
Spielplätze genutzt.
Das Wohnprojekt bedeutete Anfang der 80er Jahre eine
Rückkehr zum qualitativ hochwertigen, sozialen Wohnungsbau.

Objekt Nr.: 138
Mehrfamilienhäuser „Klosterviertel"
HA-Hardenbergstraße/Scharnhorststraße

Baujahr   : 1983/84
Architekt : Adolf Zamel, Wetter

Die sieben 3 1/2-geschossigen Wohnhäuser mit Spielplätzen
und Parkbereichen wurden in zwei Bauabschnitten fertiggestellt. Pro Haus entstanden 6-8 Eigentumswohnungen mit
verschiedenen Grundrissen und Größen. Trotz unterschiedlichster Stellung der Häuser und der individuellen Fassadengestaltung bilden sie ein harmonisches Ganzes. Die Einheit
wird über die wiederkehrenden Werkstoffe der Außenfassaden
(Eternitschiefer, Holz, Bruchstein und Kratzputz) erreicht.
Die ausladenden Balkone schaffen eine Verbindung zwischen
Innen und Außen und leiten in die großzügig gestalteten
Freiräume zwischen den einzelnen Häusern über.

Objekt Nr.: 139
Wohnhaus Braun/Dr. Geiersbach
HA-Haspe, Auf dem Gelling 12

Baujahr : 1982-84
Architekt: Planungsbüro Peter Hoff, Hagen

Der 3-geschossige Baukörper nimmt die extreme Hanglage des Grundstücks auf und wird von einem steilen Satteldach mit Schleppgauben an der Nordseite überdeckt.
Um den weiten Ausblick zu nutzen, plante der Architekt zur Hangseite großzügige Balkone und einen Wintergarten im Dachgeschoß. Die blaugraue Holzverkleidung und die unterschiedlichen Fensterformate sorgen für eine strukturelle Belebung der Fassade.
Im Inneren entstanden auf flexiblen Grundrissen vier autarke Wohneinheiten.

Objekt Nr.: 140
4 Wohnhäuser
HA-Haspe, Hördenstr. 42-44

Baujahr : 1985-87
Architekt: Ludwig Franz Steinhäusel, Hagen

Die vier Einfamilienwohnhäuser sind mit Bezug auf die Topographie des Geländes angeordnet. Die Materialwahl in Holz und Ziegel und die gestaffelte Konzeption der Gebäude stehen für Erdverbundenheit. Der geschlossene Raumquader wird in Wandfragmente mit auskragenden Dachflächen aufgelöst. Die durchgehenden Fensterbänder schaffen einen fließenden Übergang von Innen nach Außen. Die Dachflächen sind als Terrassen angelegt. Ein 2. Bauabschnitt ist geplant.

Objekt Nr.: 141
Freiherr-vom-Stein-Grundschule
HA-Vorhalle, Lindenstr. 16

Baujahr : 1988
Architekt: Städtisches Hochbauamt, Hagen
Entwurf : Otto Nietsch

Neben der vorhandenen, kath. Grundschule „Liebfrauen" (um 1885) entstand ein 2-geschossiger, zweizügiger Grundschulneubau, der von der Lindenstraße erschlossen wird. In der Gebäudemitte hebt sich der Eingangsbereich durch seine Gestaltung in Glas mit farbigen Aluprofilen und durch die betonsichtigen Wände von den übrigen Gebäudeteilen ab. Durchgehende Fensterbänder unter den teils pfannen-, teils blechbekleideten, gegeneinanderlaufenden Pultdächern sorgen für eine großzügige Belichtung der Innenräume.
In der Schule und vor dem Eingang befinden sich zwei Bronze- und eine Steinplastik von der Hagener Künstlerin Eva Niestrath von 1964/65.

Objekt Nr.: 142
Verwaltungsgebäude Firma BILSTEIN
HA-Hohenlimburg, Im Weinhof

Baujahr : 1988/89
Architekt : Ernst Ulrich Kohlhage und Gerd Pickenhan, Hagen

Die 1911 gegründete Firma hat seit 1921 ihren Standort „Im Weinhof".
Das stetig wachsende Unternehmen errichtete den Verwaltungsneubau als repräsentativen Anbau an die vorhandenen Produktionshallen. Der als Winkelbau errichtete Gebäudekomplex wird mittig durch den Haupteingang erschlossen. Die offenen Galerieflure sowie der vom Dach her zusätzlich belichtete, durchgehende Luftraum setzten hier den gestalterischen Schwerpunkt. Die Fassade des 3-geschossigen Baukörpers wird durch die Materialwahl aus Klinker, anthrazitfarbenen Fenstern, Sichtbeton und Stahlstützen bestimmt. Technisch wurde sie als Heiz-/Kühlfassade ausgeführt.
Die Fassade des 1993/94 in unmittelbarer Nähe errichteten Hochregallagers der Firma durch Schrodt Bauconsult GmbH (Iserlohn) wurde von dem Studio für Farbentwürfe F. E. von Garnier aus Fürfeld farbkünstlerisch gestaltet.

Objekt Nr.: 143
Wohnhaus Olbrich
HA-Wehringhausen, Christian-Rohlfs-Str. 38

Baujahr : 1989-1993
Architekt : Cornelius Becker-Diercks, Marl

Ursprüngl. sollte der vorhandene Altbau in den Neubau mit einbezogen werden. Nach mehreren Planungen entschied sich der Bauherr dagegen. So entstand auf einem kreuzförmigen Grundriß der hell verputzte Baukörper mit klar konturierten Baumassen. Die Form des Giebels und der Dachfenster wird auf die Dachform übertragen. Große Balkone öffnen sich zum weiträumigen Garten mit altem Baumbestand.
Das Innere bestimmt ein offenes Raumgefüge sowie die geschoßübergreifende Wohnhalle.
Der Entwurf und die Planungen wurden maßgeblich vom Bauherrn Hans-Jorg Olbrich beeinflußt.

VII. Die 90er Jahre

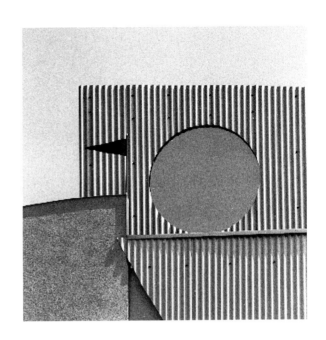

„Es gibt keine dominierenden Stilideologien mehr, sondern nur noch die Botschaft einzelner Architekten". So lautete das Urteil des Architekten Hans Hollein auf der 6. Architektur Biennale 1996 in Venedig über die Architektur der 90er Jahre. Spätestens seitdem der Amerikaner Robert Venturi in den 70er Jahren den über 50 Jahre gültigen Worten Mies van der Rohes „Weniger ist mehr" ein „Weniger ist langweiliger" entgegensetzte, hielt der Stilpluralismus Einzug in die zuvor von festen Prinzipien bestimmte Architektursprache. Neben der funktionalen Richtung, die sich, inspiriert von den neuen Techniken der Raumfahrt, zu einer High-Tech Architektur entwickelte, ist heute immer noch die von dem Amerikaner Philip Johnson ins Leben gerufene, postmoderne Architektur tonangebend. In Hagen findet man vereinzelt postmoderne Anklänge wie die Eingangsgestaltung der Deutschen Bank AG (Objekt Nr.: 145), die das antike Vestibulum zitiert.

Anschauliches Beispiel für die High-Tech Architektur in Deutschland ist die bekannte, 1992 eröffnete „Zeilgalerie" in Frankfurt. In kleinerem Maßstab präsentiert die Firma Eberspächer mit dem Neubau ihres Verwaltungsgebäudes (Objekt Nr.: 161) in Hagen-Haspe diesen neuen Trend. Die transparente Außenfassade dieses technischen Gebäudes läßt die Trennung zwischen Innen und Außen verschwimmen.

Ein weiterer Architekturstil, der die klassische Moderne wiederaufnimmt, zeichnet sich durch klare, geometrische Proportionen und durch einen durchgängig hellen Anstrich aus. Er mischt in dem bunten Treiben der unterschiedlichsten Stile mit. Die Bauten dieser Richtung werden in der Kunstgeschichte mit dem Begriff „Die Weißen" beschrieben. Bedeutendster Vertreter dieser Richtung ist der amerikanische Architekt Richard Meier. Das zentrale Mahngericht (Objekt Nr.: 144) an der Hagener Straße ist von diesem Stil beeinflußt. Typisch für Hagen ist jedoch die gemäßigte Form der Vermischung unterschiedlichster, zeittypischer Tendenzen an einem Gebäude. So ist das Mehrfamilienwohnhaus in der Odenwaldstraße (Objekt Nr.: 157) in der äußeren Erscheinung im Stil der „weißen" Architektur gestaltet, während das Innere technisch konzipiert ist.

Im übrigen bereichert der Ende der 80er Jahre entstandene Dekonstruktivismus die deutsche Architekturlandschaft. Die Architekten Günther Behnisch und Zaha Hadid gelten in Deutschland als die wichtigsten Vertreter dieser Richtung. Stilmerkmale ihrer Bauten sind u.a. schräge Konstruktionen, schiefe Dächer und zerborstene Formen. In Hagen ist diese Architekturrichtung unseres Wissens nach bisher nicht vertreten. Großen Einfluß auf das Architekturgeschehen in Deutschland hat die Internationale Bauausstellung Emscher Park (IBA), die seit 1989 auf einer Gesamtfläche von ca. 800 qkm im Bereich der Emscher Impulse für eine ökologische und ökonomische Erneuerung des Ruhrgebietes gibt. Sie ist von initialzündender Bedeutung für den seit den 70er Jahren in dieser Region notwendig gewordenen Strukturwandel. Schwerpunkte der IBA sind der Wohnungs- und Siedlungsbau sowie die Industrie- und Gewerbearchitektur. Die neuen Bauten sind in vieler Hinsicht innovativ. Zum einen durch ihre moderne Architektur, aber vor allem auch durch die Beschreitung neuer Wege bei der Planung wie das Mitgestaltungsrecht der zukünftigen Nutzer.

Ausläufer dieser Innovationen wirken sich auch auf Hagen aus, z.B. auf die Wohnsiedlung „Hof Halm" (Objekt Nr.: 163) in Hagen-Helfe.

International anerkannt und weit über Hagens Grenzen hinaus von Bedeutung ist das Wohnhaus von Dr. Wolff (Objekt Nr.: 146) in Hagen-Selbecke, das der Schweizer Architekt Rudolf Olgiati entwarf. Es trägt die unverwechselbare Handschrift des 1995 verstorbenen Architekten und ist sein letztes und vor allem einziges Werk nördlich des Rheins. Obwohl Ziel zahlreicher Exkursionen der Fachwelt, ist es in Hagen bisher wenig bekannt.

Bedeutende Einzelbauten wie die Erweiterung der Fernuniversität und die Einbindung des Neubaus des Technologie- und Gründerzentrums beleben die wiederaufkommende Auseinandersetzung mit Architektur in Hagen. Auf diesem Gebiet finden erst in den letzten Jahren wieder vermehrt öffentliche Diskussionen statt. Architektur als Identifikationsmerkmal einer Stadt und auch als Werbeträger für die Imageaufwertung gewinnt zunehmend wieder an Bedeutung.

Welche Architektur sich in den nächsten Jahren in Deutschland durchsetzten wird, ist nicht erkennbar; der Trend zum toleranten Nebeneinander unterschiedlichster Strömungen sowie die Wiederverwendung der Architekturelemente der 50er Jahre zeichnet sich jedoch ab.

Objekt Nr.: 144
Zentrale Mahnabteilung, Amtsgericht Hagen für NRW
HA-Boelerheide, Hagener Str. 145

Baujahr : 1990
Architekt : M. Krug/B. van der Minde, Hagen

Der flachgedeckte, weitläufige Gebäudekomplex mit
funktionalistischer, hell verputzter Fassade umschließt einen
zentralen Innenhof. Die geschickte Auflösung der
Gebäudeecken nimmt dem Komplex die Schwere. Der
Eingangsbereich in Glas und farbigen Stahlprofilen mit
gewölbtem Dachabschluß und vorliegender, abgerundeter
Freitreppe ist im Kontrast zur übrigen Fassade gestaltet. Die
Anlage nimmt in ihrer Konzeption unterschiedlichste moderne
Architekturströmungen des 20. Jahrhunderts auf.

Objekt Nr.: 145
Filiale der Deutschen Bank AG
HA-Mitte, Bahnhofstr. 1-3

Baujahr : 1991/93
Architekt : Dr. Herbert Heuser, Wuppertal

Die an gleicher Stelle 1959 von den Architekten
Dr. E. Rosskothen und Prof. Tritthart (Düsseldorf) erbaute
Hagener Filiale wurde 1989 für den Neubau abgerissen.
Auf einer Nutzfläche von 3.400 qm entstand ein städtebaulich
prägender Neubau. Der 6-geschossige Baukörper öffnet sich in
einem Halbrund zum Volkspark. Die Dominanz des Baukörpers
wird durch die gebündelte Gestaltung des Eingangsbereiches
gemildert. Den marmorverkleideten und von Säulen
gerahmten Eingangsbereich krönt eine Plastik des Künstlers
Will Brüll. Das aus Stahlband gefertigte Kunstwerk stellt ein
Flügelpaar dar.
Der übrige Baukörper ist hell verputzt und durch horizontal
angeordnete Fensterreihen akzentuiert.
Das Designerkonzept der Innengestaltung von „De Lucchi" ist
das Ergebnis eines international durchgeführten Wettbe-
werbs zur Findung einer neuen Gestaltungslinie für die
Deutsche Bank. Es wurde in der Hagener Filiale erstmals
realisiert.
Ein Teil des vorhandenen Raumangebotes wurde vermietet.
Diese Räume dienen als mögliche Platzreserven und können
bei Bedarf kurzfristig genutzt werden.

Objekt Nr.: 146
Wohnhaus Dr. Wolff
HA-Selbecke, Zur Höhe 67 A

Baujahr : Entwurf 1990, Ausführung 1992/93
Architekt: Rudolf Olgiati, Flims (Schweiz)

Das Wohnhaus in der Selbecke war der letzte Entwurf des 1995 im Alter von 85 Jahren verstorbenen Schweizer Architekten. Es ist in dieser Region einmalig und geht auf die persönliche Bekanntschaft zwischen Bauherrn und Architekten zurück.
Das Gebäude ist bis ins Detail nach dem Entwurf R. Olgiati ausgeführt worden. Sowohl sein Sohn Valerio Olgiati, der die Konstruktionspläne fertigte, als auch ein Schüler Rudolf Olgiatis, der Architekt Peter Strato aus Hamm, der die Bauleitung übernahm, hielten sich konsequent an die Vorgaben.
Rudolf Olgiati war Zeit seines Schaffens ein Vertreter der Neuen Sachlichkeit. Er war Schüler und Anhänger Le Corbusiers. Seine Gebäude tragen alle die unverwechselbare Handschrift des Architekten: eine harmonische Vermischung von Zitaten der klassischen Antike mit Stilprinzipien Le Corbusiers und regionaler Identität. Die Gebäude Olgiatis, von denen das in Hagen ein typischer Vertreter ist, sind über die Jahrzehnte hinweg eindeutig, kompromißlos und mit hohem Wiedererkennungswert gestaltet.
Das 2-geschossige, gestaffelte Gebäude am Berghang besticht durch seine klare, scharfkantige, nach außen geschlossene Form. Der weiße, leicht geknickte Baukörper ist tief in den Hang hineingeschoben. Das patinierte Kupferdach ist als gegeneinandergeschobenes Pultdach ausgebildet und nur an bestimmten Stellen sichtbar. Die zylindrischen Säulen sind mit Bauchung und Verjüngung auch hier gezielt als Orientierungspunkte an den Eingängen gesetzt, ohne daß sie tragendes Element sind.
Das Licht wird durch unterschiedliche Öffnungen von großflächigen, rahmenlosen Fenstern bis zum Trichterfenster differenziert geleitet und moduliert den Innenraum.
Der Grundriß wird durch Nischen und Umraum, durch Blickführung und Offenheit bestimmt. Alle Türen des Hauses sind vom Bauherrn gesammelte Originale der bäuerlichen Architektur aus vergangenen Jahrhunderten. Sie bilden trotz ihres hohen Alters eine Einheit mit dem zeitlosen Bau, der von viel Atmosphäre geprägt ist.

Objekt Nr.: 147
Produktionshallen der Firma BTU
Bandanlagentechnik Umlauf
HA-Halden, Sudfeldstr. 29

Baujahr : 1991/1994
Architekt: Peter Halm, Hagen

Die in zwei Bauabschnitten in Stahlskelettkonstruktion
errichteten Hallen sind sowohl funktional als auch ästhetisch
ein gelungenes Beispiel für einen modernen, technischen
Zweckbau. Die Firmenfarben Weiß und Blau finden sich
in der Farbgebung der stahlblechverkleideten Fassade wieder.
Vertikale Fensterbänder an der Vorder- und Rückseite sowie
Oberlichter sorgen für ausreichendes Tageslicht und
schaffen helle Arbeitsplätze.

Objekt Nr.: 148
Ehem. Heinz-Grothe-Schokoladen-, Marzipan-,
Zuckerwarenfabrik, heute Groote-Center
HA-Wehringhausen, Wehringhauser Str. 23, 25, 27

Baujahr   : 1911-1992
Architekt   : Verschiedene, letzter Umbau durch
                       Cornelius Becker-Diercks, Marl
Fassadengestaltung : Herbert Schmahl & Stefan Gerigk,
                       Hagen

Die 1948 von Heinz Grothe gegründete Zuckerwarenfabrik
hatte hier nach mehreren Eigentumswechseln bis zur
Auflösung 1990 ihren Stammsitz.
Seit 1911 wurde die Gebäudeanlage wiederholt durch Um-
und Neubauten verändert.
1992 zu einem Gewerbehof mit unterschiedlichen Nutzern
umgebaut, erhielt das Gebäudeensemble eine einheitliche,
schlichte Gebäudekontur. Im Gegensatz dazu wurden die
Fassaden und teilweise auch das Innere mit kontrastreichen
Elementen gestaltet. Material- und Farbwahl (Marmor,
Kacheln, verzinktes Eisen, schwarz, weiß, rot und blau) sind
typisch für das Hagener Architekturbüro.

Objekt Nr.: 149
Kindertagesstätte Katernberg
HA-Hohenlimburg, Wilhelmstraße 12

Baujahr : 1992/93
Architekt: Gerd Pickenhan, Hagen

Im Auftrag der Stadt Hagen auf einem Hanggrundstück
errichtete 3-Gruppen-Kindertagesstätte.
Optischer und funktionaler Mittelpunkt ist der hangseitig
gelegene, spiralförmige Mehrzweckraum, der zugleich die
unterschiedlichen Geschoßebenen verbindet. Der weiß
verputzte, 2-geschossige Baukörper erreicht durch
ideenreiche Detaillösungen und Verwendung der
Grundfarben als Gruppenfarben eine hohe gestalterische
Qualität. Das Innere weist eine kindgerechte und teilweise
kindmaßstäbliche Ausführung auf. So sind z.B. einige
Bereiche wegen der geringen Raumhöhe nicht für
Erwachsene zugänglich.

Objekt Nr.: 150
Pressehaus
HA-Mitte, Schürmannstraße 4

Baujahr : 1992/93
Architekt: Gerd Pickenhan, Hagen

Der 4 1/2-geschossige Neubau der Essener Zeitungsgruppe
WAZ mit Tiefgarage ist Teil der Blockbebauung. Der
Architekt verwendete Betonteile als Verblendmauerwerk und
verzinkten Stahl für das Vordach und die Fensterstützen. Die
Vorderfassade wird durch die geschoßübergreifenden
Pfeilerarkaden im unteren Teil und durch die Lochfassade
der übrigen Geschosse gegliedert. Die Dachform der
nebenstehenden Altbauten wird in der Schrägverglasung des
Neubaus aufgenommen.
Die „corporate identity", der in den letzten Jahren zunehmend
Bedeutung beigemessen wird, kommt hier in den „WAZ-
Blau" gehaltenen Fenstern zum Ausdruck.
Im Hof befindet sich ein Parkdeck und Tiefgarage.

Objekt Nr.: 151
Autohaus Mercedes Jürgens
HA-Haspe, Berliner Str. 39-41

Baujahr : 1992-93
Architekt : Dossmann, Architekten
           Planungsgesellschaft m.b.H., Iserlohn

Um den vorhandenen Baumbestand zu schützen und die Höhendifferenz des um 9 m ansteigenden Geländes auszugleichen, entstand auf ungewöhnlichem Grundriß ein gestaffelter Baukörper. In Anlehnung an das Firmensymbol, den Stern, spielen Ecken und Kanten in der Gestaltung des Komplexes eine große Rolle; ebenso findet man das Firmenblau in vielen Details wieder.
Die großzügig angelegte Verkaufshalle wird durch Brücken, Treppen, Rampen, Lichthöfe und Sichtschneisen abwechslungsreich gegliedert. Durch die Stahl-Glas-Konstruktion ist das Gebäude ein lichtdurchflutetes, weithin sichtbares Schaufenster für das angebotene Produkt.

Objekt Nr.: 152
Wohnhaus Corbett
HA-Hohenlimburg, Wesselbachstr. 42b

Baujahr : 1993
Architekt : Dierk Borchmann, Iserlohn

Die extreme Hanglage erforderte eine terrassenartige Bebauung. Schon bestehende Bauteile wurden in die 1. und 2. Ebene integriert. Ist die 3. Ebene teils in Mauerwerk und teils in Holzständerbauweise ausgeführt, wurde die 5. Ebene des Hauses vollständig aufgeständert.
Neben der ungewöhnlichen Dachlandschaft, bedingt durch den steilen Baukörper, belebt die naturfarbene Holzverkleidung im Wechsel mit dem weiß verputzten Mauerwerk und den blau lasierten Fensterrahmen die Fassade. Trotz der unterschiedlichsten Eindrücke entstand ein einheitliches Gesamtbild.

Objekt Nr.: 153
**Lager-, Versand- und Verwaltungsgebäude der
Fa. Klappenbach**
HA-Halden, Rohrstr. 16

Baujahr : 1993
Architekt : Achim Bergmann, Hagen

Die transparente, feingliederige Architektur bestimmt den
Gesamteindruck. Die Schmetterlingsform des Daches, das
auf sichtbare Sparren aufgelegt wurde, um die Ortgänge so
dünn wie möglich erscheinen zu lassen, und die großflächige
über 2-Geschosse greifende Eingangshalle unterstreichen
diesen Eindruck. Die Fensteranlagen in Pfosten-Riegel-
Konstruktion sind dunkel gestrichen und stehen im Kontrast
zu den weiß verputzten Flächen.

Objekt Nr.: 154
Laborgebäude Dr. Ecker
HA-Halden, Rohrstr. 8

Baujahr : 1993/94
Architekt : Gerd Pickenhan, Hagen

Durch den kontrastreichen Einsatz unterschiedlichster
Materialien wird der 2-geschossige, fast quadratische
Baukörper akzentuiert. Der Architekt wählte auf die Nutzung
des Gebäudes ausgerichtete „klinische Materialien" wie
alufarbenes Wellblech für die Außenfassade, Glasbausteine
und verzinkten Stahl für das Vordach. Die beidseitig und über
Dach vorspringende Wandscheibe ist sowohl optisch als
auch funktional bestimmendes und gliederndes Element.

Objekt Nr.: 155
Grundschule Helfe
HA-Helfe, Helfer Str. 76

Baujahr : 1994
Architekt : Ludwig Franz Steinhäusel, Hagen

Nachdem 1993 ein Brand die in den 60er Jahren errichtete
Schule zerstörte, wurde auf den vorhandenen Fundamenten
der heutige Schulneubau errichtet. Die 1-geschossigen
Gebäude mit flachgeneigtem Satteldach wurden aus
Fertigteilen mit einer Douglasieholzfassade ausgeführt.
Durch die Anordnung der Gebäude entstehen zwei
Innenhöfe. Zusätzliches Tageslicht erhalten die Räume durch
die zahlreichen Oberlichtfenster, die zusammen mit den
unterschiedlichsten Gebäudestellungen eine interessante
Dachlandschaft bilden.

HERMANN KORNBLUM
1888   Böhmer Straße 2—8 / Frankfurter Straße 95—109 / Gartenstraße 1—5   1928

Objekt Nr.: 156
**Ehem. Kaufhaus Hermann Kornblum, später B&U,
heute Wohn- und Geschäftshaus Ring 1**
HA-Mitte, Frankfurter Str./Bergischer Ring

Baujahr   : 1905-1994
Architekt : Bauunternehmer Lösse/Platte, Hagen
               Jochen Weinert, Hagen
               Herbert Schmahl & Stefan Gerigk, Hagen

Das 1888 an der Frankfurter Str. 85 gegründete Kaufhaus
Hermann Kornblum wurde durch zahlreiche Grund-
stücksankäufe nach und nach vergrößert.
Um 1905 entstand der erste, größere Neubau, dem 1913/14
der zweite mit Passage und Lichthof und 1927 die dritte
Erweiterung folgte. Ausgeführt wurden diese Neubauten von
dem Bauunternehmer Lösse & Platte, Hagen. Mit 10.000 qm
Geschäftsraumfläche und 35 Schaufenstern an drei
Straßenfronten gehörte das Gebäude Ende der 20er Jahre
zu den größten und modernsten Kaufhäusern im Rheinland
und in Westfalen. Schon bei dem ersten Neubau sind
deutlich Anlehnungen an das von Alfred Messel 1896-1905
erbaute Kaufhaus Wertheim in Berlin, das Vorbild für viele
deutsche Kaufhäuser wurde, sichtbar.
Im 2. Weltkrieg stark zerstört, lediglich ein Teil an der
Frankfurter Str. blieb erhalten, errichtete der Hagener
Architekt Jochen Weinert 1954-55 einen Neubau. Der 50er
Jahre-Bau prägte mit seiner hell verputzten Lochfassade,
dem Staffelgeschoß und den zurückversetzten
Schaufensterfronten diesen Bereich und bildet den Abschluß
der Innenstadt.
Nach einem Verkauf wurde dem Gebäude in den 70er
Jahren ohne Rücksicht auf die Proportionierung des
Baukörpers eine Betonfassade vorgehängt. Die erhoffte
Umsatzsteigerung blieb jedoch aus, so daß das Gebäude
Anfang der 90er Jahre erneut den Besitzer wechselte.
Das vom Eigentümer Thomas Buchal beauftragte Hagener
Architekturbüro Schmahl & Gerigk restaurierte einfühlsam
sowohl den noch vorhandenen Altbau als auch das Gebäude
aus den 50er Jahren. Die Vorhangfassade wurde entfernt,
und das Gebäude erhielt einen neuen Anstrich; in hellblauer
Lasurtechnik und weiß. Die zeittypischen Details wie Fliesen-
bänder und Reklametafeln ordnen sich dem Baukörper unter.
Der Altbau wurde gereinigt und restauriert, so daß z.B. die in
der Fassade verewigten Initialen „HK" des Bauherrn Hermann
Kornblum wieder sichtbar sind.
Eines der wenigen Beispiele, an dem die veränderten
Vorstellungen und Ideale von Kaufhausarchitektur innerhalb
eines Jahrhunderts anschaulich deutlich gemacht werden
können.

Objekt Nr.: 157
Mehrfamilienhaus
HA-Halden, Odenwaldstr. 20

Baujahr   : 1994
Architekt: Ute Grünewald-Schleuter, Hagen

Das am Ende einer Sackgasse gelegene Wohnhaus zählt zu
den wenigen, qualitätvollen Neubauten des in die letzten
zehn Jahren neu erschlossenen Wohngebietes Halden. Der
weiß verputzte Kubus mit Satteldach entstand im Rahmen
eines Förderprogrammes für Niedrigenergiehäuser. Bei den
Planungen wurden die vermieteten und privaten Bereiche
sinnvoll getrennt, so entstanden separate Eingänge und
Gartenbereiche. Die Fassaden werden durch unterschiedliche Fensterformen und -größen gegliedert und gestaltet.
Zum Garten hin belebt der in den Kubus geschobene, über
2-Geschosse verglaste Wintergarten die Seitenfassade.
Offenes Wohnen und Split-Level schaffen eine optimale
Raumausnutzung. Den Garten gestaltete der Gartenarchitekt
Jörn Ulrich (Iserlohn).

Objekt Nr.: 158
Firmengebäude Otto Blesel
HA-Reh, Spannstiftstr. 56

Baujahr   : 1994/95
Architekt: Herbert Schmahl & Stefan Gerigk, Hagen

Die seit 1946 in Hohenlimburg ansässige Firma errichtete einen
2-geschossigen Bau mit Konferenz- und Büroräumen,
Ausstellungshalle und Warenverkauf. Der Eingangsbereich
wird durch eine zierliche Stahlkonstruktion überfangen.
Dezente Gestaltung der Fassade mit für die Architekten
typischen Zierfliesenbändern und Wellblechelementen. Das
Innere ist funktional mit offenliegender Stahlbinderkon-
struktion errichtet; im übrigen gehören Zitate der
Schiffsarchitektur wie Reling, Steg und Bullaugen zum
Erscheinungsbild des Gebäudes.

Objekt Nr.: 159
Waldorfkindergarten
HA-Haspe, Louise-Märcker-Str. 1

Baujahr : 1994-96
Architekt : Hermann Bruns, Dortmund

Der 4-Gruppenkindergarten mit einer Tagesgruppe ist als kreisförmige Anlage um eine zentral angeordnete 8-eckige Eingangshalle konzipiert. Von hier aus werden die übrigen Räume erschlossen. Die Halle dient zugleich als Spiel- und Feierhalle. Sie erhält durch die 8-eckige Glaspyramide und den 8-seitigen Oberlichtgaden natürliche Beleuchtung. Das Flachdach wird zur Südseite halbkreisförmig von fünf Zeltdächern durchbrochen und ist extensiv begrünt. Neben den Holzdecken und Holzfußböden wird das Innere maßgeblich durch den Farbanstrich der Räume bestimmt. Die Farbkonzeption in heller Lasurtechnik entwarf die Künstlerin Susanne Lauterbach (Breckerfeld) nach der von dem Anthroposophen Rudolf Steiner entwickelten Farblehre in enger Abstimmung mit den Architekten und Benutzern des Kindergartens. Auf dem abfallenden, großzügigen Grundstück befinden sich u.a. eine Spielmulde und ein Biotop.

Objekt Nr.: 160
Wohnhaus Weide
HA-Tücking, Klaraweg 3

Baujahr : 1995
Architekt : Miroslav Sramek/Ernst Weide, Hagen

Das Konzept ist beispielgebend für den ökologischen Hausbau in Hagen und entstand im Zusammenhang mit der Neubausiedlung in diesem Bereich.
Angepaßt an den Geländeverlauf, wurde das Holzhaus in versetzt geschossiger Bauweise errichtet. Das Regenwasser wird von den Flächen der zwei Pultdächer in einer Zisterne gespeichert und dient zur Brauchwasserversorgung. Die Dachflächen sind unter ökologischen Aspekten extensiv begrünt worden. Die Ausrichtung des Gebäudes wie auch die Anordnung der Fenster entsprechen der optimalen Ausnutzung der Sonnenenergie. Das Haus ist in Holzfachwerkkonstruktion erbaut; alle Holzteile sind unbehandelt.

Objekt Nr.: 161
Ingenieurzentrum der Fa. Eberspächer KG
HA-Haspe, Hördenstr. 2

Baujahr   : 1994-1996
Architekt : Peter Scheffler, Dortmund

Das runde, 2-geschossige Gebäude nimmt auf die neue
Straßenführung Bezug. Auf einem massiven Kern wurde in
Stahlbetonskelettbauweise ein transparenter Baukörper in
Pfostenriegelkonstruktion errichtet. Die Eingangshalle wurde in
Structural-Glazing ausgeführt.
Entsprechend der Nutzung des Gebäudes wählte der Architekt
eine nach außen sichtbare technische Architektursprache.
Die Außenanlagen werden z.Zt. fertiggestellt.

Objekt Nr.: 162
Technologie- und Gründerzentrum
HA-Mitte, Feithstr. 140

Baujahr: 1994-1996
Architekt: Bernd Grüttner Architekten, Soest

Der langgestreckte, 5-geschossige Baukörper des Technologie-
und Gründerzentrums schiebt sich dominant in den Gesamt-
komplex der Fernuniversität (Objekt Nr.: 128) ein. Der
Eingangsbereich, der sich zum „Steinernen Platz" und zum
Eingang der Fernuniversität hin orientiert, wird durch eine
längs durch das Gebäude verlaufende Halle und den ellipsenförmigen Baukörper betont. Die technische Architektur mit
weit auskragendem Flugdach sowie die großflächige Verglasung in Kombination mit Sichtbeton unterstreichen den
innovativen Charakter des Gebäudes.

Objekt Nr.: 163
Wohnbebauung „Hof Halm"
HA-Helfe, Pappelstraße

Baujahr : 1995/96
Architekt: Herbert Schmahl & Stefan Gerigk, Hagen

Vom Land und von der Stadt geförderter Wohnungsbau mit insgesamt 40 Wohneinheiten auf einer Gesamtwohnfläche von 3.000 qm. Unter den Anforderungen des energiesparenden und ökologischen Bauens errichtete der Wohnungsverein Hagen vier freistehende Wohnhäuser mit je zehn Wohneinheiten, die um einen Innenhof stehen. Die strenge, klar konturierte Kubatur wird durch unterschiedlichste Details aufgelockert.
Die großzügig angelegten Balkone und die behutsame Intergration des vorhandenen Baumbestandes, unterstützt durch die gestalteten Außenanlagen, heben die Trennung von Innen und Außen auf.
Trotz des begrenzten Budgets entstand ein überzeugendes Beispiel städtebaulicher und architektonischer Qualität.

Objekt Nr.: 164
Dienstleistungscenter der Westdeutschen Handelsgesellschaft
HA-Bathey, Auf dem Graskamp18-20/ Batheyer Straße 115-117

Baujahr : 1995/96
Architekt: Gerd Schmeer, Saarbrücken

Die seit 1972 in Hagen ansässige Firma war zuvor an zwei Standorten untergebracht.
Mit der großen Erweiterung in Hagen-Bathey wurde Raum für eine zentrale Unterbringung geschaffen. Auf einer Fläche von 11.000 qm entstand ein dreiteiliger Gebäudekomplex, der aus zwei Gebäudeflügeln und einer Rotunde besteht. Der Innenhof ist mit zahlreichen Objekten als „Kunstraum" angelegt.
Der Baukörper „Auf dem Graskamp" schließt in gleicher Höhe an den Altbau an und nimmt in dezenter Ausführung Gestaltungselemente des Komplexes an der Batheyer Straße vorweg. Neben unterschiedlichen Fensterformaten werden die im Grundsatz funktional gestalteten Fassaden durch originelle Details wie die ausgeschnittene Ecke, die von einer zierlichen Säule getragen wird, belebt. Die lichtdurchflutete Rotunde ist sowohl funktional als auch gestalterisch zentraler Mittelpunkt. Sie übernimmt zum einen die Aufgabe, zwischen den 2-4-geschossigen Baukörpern zu vermitteln, zum anderen steht sie mit ihrer steinsichtigen Fassade im Kontrast zu den hell verputzten Gebäudeteilen.

Architekten und Bauunternehmer

Glossar

Apsis: (griechisch: Bogen, Krümmung) halbkreisförmiger Abschluß eines antiken Bauwerks oder einer christlichen Kirche.

Archivolte: (von ital. archivolto) von der Mauer abgesetzte Einfassung eines Rundbogens, häufig ornamentiert.

Attikageschoß: ein an die Stelle einer Attika gesetztes Geschoß.

Attika: (lat.) niedriger Aufbau über dem Hauptgesims eines Gebäudes, der meist den Zweck hat, das Dach zu verdecken.

Arithmetik: (griechisch) das Rechnen mit Zahlen.

Barock: Stil der europ. Kunst, der sich Ende des 16. Jahrhunderts aus der Spätrenaissance entwickelte und gegen 1750 sein Ende mit gewissen Einschränkungen im Rokoko fand. Als allgemeines Merkmal kann die schwellende Bewegung aller Formen gelten, die nicht Ausdruck von Harmonie, sondern von Kraft ist. Insgesamt ist die Barocke Architektur eine reiche und sehr plastische Form der Baukunst.

Bauhaus: Der Architekt Walter Gropius prägte diesen Begriff und schuf 1919 in Weimar unter Verschmelzung der dortigen Kunstakademie und der Kunstgewerbeschule mit Angliederung einer Architekturabteilung eine Hochschule für modernes Design in Verbindung mit Massenfertigungen und Industrieästhetik. Bis 1925 in Weimar, ab 1932 in Dessau wurde sie 1933 von den Nazis geschlossen.

Bergfried: (auch Berchfrit oder Belfried) Hauptturm der mittelalterlichen Burg.

Blockbebauung: architektonisch einheitliche Bauweise um einen von mehreren Straßenzügen eingefaßten Platz.

Bossenquader: an seiner Vorderseite nur roh bearbeiteter Werkstein.

Dachformen:

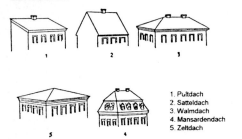

1. Pultdach
2. Satteldach
3. Walmdach
4. Mansardendach
5. Zeltdach

Expressionismus: (franz.: Expression, Ausdruck) eine Fortentwicklung des Jugendstils etwa zwischen 1910 und 1925. Gebäude werden nicht mehr rein funktional betrachtet, sondern als Plastik begriffen und auch so gestaltet. Bevorzugtes Material war der rote Backstein und das gestalterische Vorbild, der Kristall.

Fensterbänder: Reihenfolge mehrerer, unmittelbar nebeneinander liegender Fenster.

Flügelbau: Baukörper, bei dem an einen Hauptbau Nebenbauten angefügt sind. Häufigste Form ist der rechtwinkelig angelegte Baukörper.

Friese: Aus der Antike übernommene Form der Fassadengestaltung und Teilung. Meist handelt es sich um einen waagerechten, glatten oder ornamentierten Streifen als Abschluß einer Wand. Er dient auch dazu, die Geschoßhöhen von außen sichtbar zu machen.

Frontongiebel: (franz.: frontispice/ auch Frontispiez) Giebeldreieck über dem Mittelrisalit eines Gebäudes. Meistens über dem Haupteingang.

Funktionalismus: Eine Erscheinungsform des Neuen Bauens, das im ersten Drittel des 20. Jahrhunderts entstand. Die Form der Gebäude und der Gegenstände wurde hauptsächlich von ihrer Funktion bestimmt. Bekanntester Vertreter war der Amerikaner Sullivan. Er formulierte die Maxime „Form follows function" (die Form wird durch die Funktion bestimmt), die hauptsächlich in der Baukunst ihre Geltung hatte.

Hallenkirche: Zeichnet sich dadurch aus, daß Haupt- und Seitenschiffe die gleiche Höhe und ein gemeinsames Dach aufweisen.

Heimatschutzstil: siehe Text S. 62

Historismus: siehe Text S. 28

Holzständerbauweise: eine Bauweise, bei der die tragenden Wände aus senkrechten Holzbalken gefügt sind.

Internationaler Baustil: eine Form der funktionalen Bauweise, deren Protagonisten Frank Lloyd Wright (1869-1959, USA) und Walter Gropius (1863-1969) waren und deren Wurzeln in die 1930er Jahre zurückgehen.

Jugendstil: siehe Text S. 48

Karyatide: Weibliche Statue als Gebälkträgerin anstelle einer Säule. Eine Schöpfung der klassischen Architektur der Griechen. man findet sie seit der Renaissance auch an neueren Bauwerken wieder.

Klassizismus: Siehe Text S. 28

Konglomerat: Gemisch

Kranzgesims: auch Hauptgesims. Zwischen Wand und Dach oder Attika angebracht, wird es meistens durch Kragsteine (aus der Wand hervorragende Steine) oder Konsolen gestützt. Es dient auch dazu, die Wand vor Schlagwasser zu schützen.

Kubatur: Rauminhalt

Langhaus: Raum der Kirche zwischen der Hauptfassade, dem Chor und den Querschiffen.

Lanzette: spitzbogig zulaufende Form.

Lasurtechnik: mit durchsichtigen Farben werden schon bestehende Farben übermalt, damit letztere durchscheinen.

Lisenen: (franz. lisière: Rand) vertikale Mauerverstärkung ohne Basis und Kapitell, dient der Gliederung von Fassaden.

Mezzaningeschoß: niedriges Halb- oder Zwischengeschoß meistens unter dem Dach oder über dem Erdgeschoß. Am häufigsten wurde es in der Renaissance, dem Barock und dem Klassizismus verwendet.

Neobarock: siehe Text S. 28

Neorenaissance: siehe Text S. 28

Oberlichtgaden: oberer, durch Fenster erhellter Teil im Mittelschiff einer Kirche oder Basilika.
Ortgang: als Abschluß der Dachdeckung am Giebel verlaufendes Brett.

Palasgebäude: (lat. palatium) Wohngebäude in einer mittelalterlichen Burg, auch oft Festsaal.
Pilaster: flacher Pfeiler, der auf einer Wand angebracht ist.
Portikus: Vorbau, meist an der Hauptfassade eines Gebäudes, der auf Pfeilern oder Säulen steht.
Putten: (ital.: putti, Kinder) nackte, kleine Knaben, mit oder ohne Flügel. Eine Erfindung der ital. Frührenaissance.

Querhaus: Gebäudeteil einer Kirche, der quer zum Langhaus verläuft.

Rasterfassade: Raster ist ein rechtwinkeliges Liniennetz, das sich auf das Skelett eines Baukörpers bezieht und dessen Stützen die Kreuzungspunkte im Raster darstellen. Die Rasterfassade ist eine beliebte Strukturform des modernen Bauens ab Mitte der 1950er Jahre.
Riegel: Querverbindung beim Fachwerk über oder unter den Fenstern.
Risalit: Ein Gebäudeteil, der in der ganzen Höhe einschließlich Dach aus der Gebäudeflucht hervortritt. Je nach Standort gibt es Mittel-, Seiten- und Eckrisalite.
Rosette: Dekorativ reduzierte Blütenform, bei der um einen runden Kern die Blütenblätter angeordnet sind. Die Rosette ist in allen Epochen ein beliebter Fassadenschmuck.
Rotunde: Rundbau

Sgraffito: (ital.: sgraffiare, kratzen) Eine Art der Wandmalerei, die besonders in der Renaissance in Oberitalien vorkam. Die Wand wird zunächst mit einem schwarzen oder roten Putz überzogen, auf den dann eine dünne, helle Mörtelschicht aufgetragen wird. Solange diese noch feucht ist, wird dann das Motiv eingekratzt. Im 19. und 20. Jh. fand diese Technik eine Wiederbelebung.

Staffelgeschoß: Geschosse, die staffelweise kleiner werden.

Terrassenwohnhaus: Ein Haus, dessen Geschosse stufenförmig versetzt sind, so daß jedes Geschoß eine eigene Dachterrasse erhält.

Tonnengewölbe: Gewölbeform, die längs einer Achse symmetrisch angelegte, halb-, viertel- oder spitzbögige Formen aufweist.
Torhaus: Torbau, der meistens die Wohnung des Torhüters beinhaltet.
Traufe: untere Begrenzung eines Daches.
Tympanon: Giebelfeld des antiken Tempelbaus oder auch die Fläche innerhalb eines Bogenfeldes über einem Portal.

Vorhangfassade: Curtain Wall, eine dem konstruktiven Skelett vorgehängte, nicht tragende Fassadenhaut, meist aus Metall und Glas.

Zahnschnitt: Ein aus Balkenköpfen abstrahierter Fries.
Zwerchgiebel: Auch Blendgiebel. Giebel vor einem Zwerchdach (ein Dach, dessen First quer zum Hauptfirst verläuft).
Zwinger: Bereich zwischen Vor- und Hauptmauer einer Burg oder Stadtbefestigung.

Literaturauswahl

Grundlegende Informationsquellen waren die Bauakten des Stadtarchivs Hagen und die Akten der Unteren Denkmalbehörde Hagen.

Arzinger, Kai Olaf. Wälle, Burgen, Herrensitze. Hrsg. Hohenlimburger Heimatblätter e.V., 1991.

Olgiati, Rudolf, Architekt. Ausstellungskatalog, Zürich 1977.

Ausstellungskatalog. Der Westdeutsche Impuls 1900-1914. Kunst- und Umweltgestaltung im Industriegebiet, Bd. 3. Die Folkwangidee des Karl Ernst Osthaus. Karl Ernst Osthaus Museum (Hrsg.), 1984

Ausstellungskatalog. Bauen nach Prinzipien. Die Architektur von Rudolf Olgiati. Boga, Iamas. Hrsg. Architektenforum, Zürich 1990.

Ausstellungskatalog. Friedrich Bagdons. Eine Bildhauerkarriere vom Kaiserreich zum Nationalsozialismus. Hrsg. Uwe Fleckner und Jürgen Zänker. Verlag Gerd Hatje, 1993.

Ausstellungskatalog. Hagenbilder im Fernsehen. Fernuniversität. Franz-Josef Mattes, Hagen 1991.

Ausstellungskatalog. Moderne Baukunst 1900-1914. Die Photosammlung des Deutschen Museums für Kunst in Handel und Gewerbe. Plitt Druck und Verlag GmbH, Oberhausen,1993.

Ausstellungskatalog. 1910 Halbzeit der Moderne, Van de Velde, Behrens, Hoffmann und die anderen. Hrsg. Klaus Bußmann im Auftrag des Landschaftsverbandes Westfalen-Lippe Verlag Gerd Hatje, Stuttgart, 1992.

Ausstellungskatalog. Henry van de Velde. Ein europäischer Künstler seiner Zeit. Hrsg. Klaus Jürgen Sembach. Wienand Verlag, Köln, 1992.

Bau- und Kunstdenkmäler von Westfalen. Bd. Hagen. Hrsg. Provinzial-Verbände der Provinz Westfalen. Münster, 1910.

Baumann, Carl. Ausstellungskatalog. Hrsg. Karl Ernst Osthaus Museum. Hagen, 1989.

Bleicher, Wilhelm (Hrsg.). 750 Jahre Hohenlimburg. Hohenlimburger Heimatblätter Verlag e.V., 750 Jahre Hohenlimburg, Schriftreihe: Bd. VI. Hagen, 1976.

Bleicher, Wilhelm. Aus der Geschichte der Firma Hoesch Hohenlimburg GmbH. In: Hohenlimburger Heimatblätter, Heft 9/96.

Bleicher, Wilhelm. Die ehemalige Gaststätte „Zu den sieben Kurfürsten". Das Blaufärberhaus im Westfälischen Freilichtmuseum technischer Kulturdenkmäler in Hagen. TeilI-IV. In: Hohenlimburger Heimatblätter, Heft 10/89, 11/89, 12/89, 1/90.

Bleicher, Wilhelm/ Weber, Hartmut. Der Raffenberg und seine Civitas. In: Hohenlimburger Heimatblätter, Heft 10/95.

Bergsträßer, Helmut. Riemerschmidts Walddorf. In: Hagener Heimatkalender. Linnepe Verlag Hagen, 1985.

Böhme, Herbert u.a. Hagen baut auf. 20 Jahre Entwicklung und Aufbau der Stadt 1945 bis 1964. Hrsg. Stadt Hagen, 1964.

Böhme, Herbert u.a. Hagen baut auf. Querschnitt durch den Wiederaufbau der Stadt Hagen Stadt 1945 bis 1954. Hrsg. Stadt Hagen, 1954.

Borngässer-Klein, Barbara/Hilbich, Markus. Zweitausend Jahre Bauen in Deutschland. Harenberg Verlag. Dortmund, 1993.

Darmstadt, Christel. Häuser instand setzen: stilgerecht und behutsam. Verlagsanstalt Handwerk GmbH. Düsseldorf, 1993.

Dauskardt, Michael. Museumsführer. Westfälisches Freilichtmuseum Hagen. Hrsg. Landschaftsverband Westfalen-Lippe. Hagen, 1993.

Durth, Werner. Deutsche Architekten. Biographische Verflechtungen 1900-1970. Deutscher Taschenbuch Verlag. München, 1992.

Eckhoff, Michael. Stadtteil Wehringhausen - ein architekturgeschichtlicher Lehrgang. In: Architektur und Wirtschaft J 3325, 5. Jahrgang, Journal Hagen. Verlag für Architektur, Wiesbaden.

Felka, Widbert. Hohenlimburger Stadtführer. Hrsg. u.a. Verein für Orts- und Heimatkunde Hohenlimburg e.V., 1985.

Felka, Widbert. Die Villa Wälzholz/Bettermann an der Stennertstraße. In: Hohenlimburger Heimatblätter, Heft 10/95.

Festschrift. 60 Jahre Christ König-Kirche Hagen-Boelerheide. Hrsg. Kath. Pfarrgemeinde Christ König, 1987.

Festschrift zur Einweihung der Markuskirche, Hagen, 1964.

Festschrift. 100 Jahre Eisenbahner Wohnungsgenossenschaft Hagen e.G. Verlag Jaensch und Ahrensmeyer. Porta Westfalica, 1992.

Gedenkbuch der St. Marien Kirche. Hagen, 1954.

Hanemann, Ina. Günther Oberste-Berghaus, Entwürfe und Bauten von 1925-1934. Magisterarbeit an der Ruhr Universität Bochum, 1993.

Hanemann, Ina/Holtmann, Petra. Über die Architekten Albert Loose und Otto de Berger. In: Hohenlimburger Heimatblätter, Hefte 2/94, 10/94, 7/95, 5/96.

Hanemann, Ina/Holtmann, Petra., Architekten Schaffen. Architektenbiographien im Kontext einer Stadtentwicklung am Beispiel der Stadt Hagen. Dissertation an der Ruhr Universiät Bochum, in Arbeit.

Holtmann, Petra. Bauten und Entwürfe des Architekten Leopold Ludwigs für die Konsumgenossenschaft in Hagen. Magisterarbeit an der Ruhr Universität Bochum, 1994/95.

Hartmann, Elmar. Kirchen und Synagoge in Hohenlimburg. Hrsg. Gesellschaft für christlich-jüdische Zusammenarbeit Hagen. R. Padligur Verlag. Hagen, 1990.

Haiko, Peter (Hrsg.). Die Architektur des XX. Jahrhunderts. Zeitschrift für moderne Baukunst. Repräsentativer Querschnitt durch die 14 erschienenen Jahrgänge 1901 bis 1914, Reprint 1989.

Hesse-Frielinghaus, Herta u.a. Karl Ernst Osthaus. Leben und Werk.Hagen, 1971.

Holz, Walter K. B. Ein Jahrtausend Raum Hagen. Hrsg. Stadt Hagen, 1947.

Joedicke, Jürgen. Moderne Architektur. Strömungen und Tendenzen. Karl Krämer Verlag. Stuttgart, 1969.

Kuhlerkamp Cunosiedlung. Hrsg. Kommunalverband Ruhrgebiet. Essen, 1981.

Lorenzen, Ernst. Karl Ernst Osthaus 1874-1921. In: Die großen Deutschen. Neue Deutsche Bibliographie, Bd. 4.,1936.

Metzendorf, Rainer. Georg Metzendorf 1874-1934. Siedlungen und Bauten. Darmstadt und Marburg 1994. Selbstverlag der Hessischen Kommission. Darmstadt, 1994.

Muthesius, Hermann (Hrsg.). Landhaus und Garten. Beispiele neuzeitlicher Landhäuser nebst Grundrissen, Innenräumen und Gärten, 1907.

Müller-Wulckow, Walter. Bauten der Arbeit und des Verkehrs aus deutscher Gegenwart. Die Blauen Bücher, 1926.

Olgiati, Rudolf, Architekt. Eine Streitschrift. Hrsg. Verlag Magazin und Buch GmbH. Stuttgart, 1994.

Nordmar, Erich. Schloß Hohenlimburg. Die Baugeschichte einer westfälischen Höhenburg. Hagen, 1960.

Novy, Klaus, Arno Mersmann und Bodo Hombach (Hrsg.). Reformführer NRW. Wien/Köln: Böhlau, 1992.

Pehnt, Wolfgang. Die Architektur des Expressionismus, 1981.

Petsch, Joachim. Baukunst und Stadtplanung im Dritten Reich. Herleitung/Bestandsaufnahme/Entwicklung/Nachfolge. Carl Hanser. München, Wien, 1976.

Petsch, Joachim. Eigenheim und gute Stube. Zur Geschichte des bürgerlichen Wohnens. Köln, 1989.

Reinecke, Udo. Hagen-Haspe... aus der schönen alten Zeit. Verlag Beleke. Essen, 1979.

Posener, Julius. Anfänge des Funktionalismus von Arts and Crafts zum Deutschen Werkbund. Ullstein Bauwelt Fundamente 11.

Schreiber, Mathias. 40 Jahre Moderne in der Bundesrepublik. Deutsche Architektur nach 1945. Deutsche Verlagsanstalt. Stuttgart, 1986.

Hagener Heimatbund e.V. (Hrsg.). Schriftreihe: „Hagen einst und jetzt". Eilpe, Delstern, Selbecke, Landschaft-Geschichte-Menschen, Bd. IV. Hagen,1978.

Hagener Heimatbund e.V. (Hrsg.). Schriftreihe: „Hagen einst und jetzt". Die Lennegemeinden. Landschaft Geschichte Menschen, Bd. VII.. Hagen, 1980.

Hagener Heimatbund e.V. (Hrsg.). Schriftreihe: „Hagen einst und jetzt". Die Gemeinde Boele, Bd. I.. Hagen, 1976.

Hagener Heimatbund e.V. (Hrsg.). Schriftreihe: „Hagen einst und jetzt". Hagen - Eine Stadt und ihre Bürger.Hagen, 1981.

Hagener Heimatbund e.V. (Hrsg.). Schriftreihe: „Hagen einst und jetzt". Haspe - Eine Stadt im Wandel, Bd. IX. Hagen, 1983.

Hagener Heimatbund e.V. (Hrsg.). Schriftreihe: „Hagen einst und jetzt". Wehringhausen, Bd. V. Hagen, 1979.

Sonnenschein, Fritz. Speicherbauten des Mittelalters im märkischen Sauerland. Hagener Beiträge zur Geschichte und Landeskunde. Hrsg. Stadt Hagen, 1959.

Deutscher Kommunalverlag G.m.b.H. (Hrsg.). Monographien deutscher Städte, Bd. 16. Berlin, 1928.

Stern, Robert. Moderner Klassizismus. Entwicklung und Verbreitung der klassizistischen Tradition von der Renaissance bis zur Gegenwart. Deutsche Verlagsanstalt. Stuttgart, 1990.

Tummers, Nic. Der Hagener Impuls. Das Werk von J.L.M. Lauweriks und sein Einfluß auf Architektur und Formgebung um 1910. 1972.

Zabel, H. Zerstreut in alle Welt. Zur Geschichte und Nachgeschichte einer jüdischen Kleinstadtgemeinde. Hagen, 1988.

Zamel, Adolf. Werkbericht des Architekten. Verlag für Architektur. Wiesbaden.

Abbildungen Titel

Architekturzeichnung, ehem. Haus Neveling Goldberg/Bergstr., Stadtarchiv Hagen

Villa Cuno, s.a. Objekt Nr.: 59, S. 54

Wohnhaus Dr. Wolff, s.a. Objekt Nr.: 146, S. 116 u. 117

Detailaufnahmen auf den Deckblättern der einzelnen Kapitel (Fotograf: Rolf Gripshöfer)

Kap. 1 Fachwerkhaus Jahnstraße Hohenlimburg

Kap. 2 Villa Bettermann Hohenlimburg,
s.a. Objekt Nr.: 40, S. 39

Kap. 3 Wohnhaus Königstr. 23, s.a. Objekt Nr.: 92, S. 78

Kap. 4 Wohnkomplex Elbersufer/Mollstraße,
s.a. Objekt Nr.: 75, S. 65

Kap. 5 Wohnhaus Frankfurter Straße

Kap. 6 Landesbauamt, Rheinstraße

Kap. 7 Groote Center, Wehringhauser Str.,
s. a. Objekt Nr.: 148, S. 112

Abbildungsnachweis

Brettschneider, Hartwig: S. 106/unten

Hoff, Magdalene: S. 101/oben

Pickenhan, Gerd: S. 20/unten

Reiß, Jürgen: S. 22/unten

Schmidt, Hartmut: S. 14/oben, S. 18/unten, S. 30/unten, S. 33/unten, S. 79/unten, S. 83/unten, S. 107/oben

Seuthe, Thomas: S. 123/unten

Steinhäusel, Ludwig-Franz: S. 121/unten

Zamel, Adolf: S. 102/oben, S. 104/unten

Mit freundlicher Genehmigung entnommen: Literatur

Arzinger, K.O. Wälle, Burgen, Herrensitze. Hohenlimburger Heimatblätter e.V. (Hrsg.) 1991: S. 13/unten

Deutscher Kommunalverlag G.m.b.H. (Hrsg.) Monographien deutscher Städte, Bd. 16. Berlin, 1928: S. 71, S. 72/oben, S. 73/unten, S. 122/oben

Stadt Hagen (Hrsg.). Hagen baut auf, 1954: S. 87, S. 122/Mitte

Stadt Hagen (Hrsg.). Hagen baut auf, 1964: S. 84/oben, S. 85/oben, S. 97/oben

Ludwigs, Leopold. Arbeiten der Firma Gebrüder Ludwigs von 1907-1922. Berlin, 1922: S. 58/oben (Reproduktion F.J. Matthes)

Matthäus-Kirche Hagen (hrsg.). Festschrift zur Einweihung der Mattäus-Kirche Hagen, 1965: S. 98/oben

Archiven

Stadtarchiv Hagen: S. 51, S. 57/unten, S. 66/oben, S. 77/alle, S. 85/unten

Karl-Ernst-Osthaus Museum: S. 55/Mitte

Privatarchiv Christian Wolff: S. 116/oben

Privatarchiv Tycho Oberste-Berghaus: S. 80/unten

Privatarchiv Gerd Pickenhan: S. 112/oben, S. 121/Mitte, S. 119/oben

Privatarchiv Heinz Rasch: S. 90/beide, S. 91

Privatarchiv Adolf Zamel: S. 105

Westfälisches Freilichtmuseum Hagen: S. 104/oben